Ao William Costa,
com o abraço amigo do
[signature]
João Pessoa, novembro de 2004

forma & alumbramento

Poética e poesia em Manuel Bandeira

Ruy Espinheira Filho

forma & alumbramento

Poética e poesia em Manuel Bandeira

ACADEMIA BRASILEIRA
AD IMMORTALITATEM
JOSÉ OLYMPIO
EDITORA

EDITORA JOSÉ OLYMPIO LTDA.
Rua Argentina, 171 – 1º andar – São Cristóvão
20921-380 – Rio de Janeiro, RJ – República Federativa do Brasil
Tel.: (21) 2585-2060 Fax: (21) 2585-2086
Printed in Brazil / Impresso no Brasil

Atendemos pelo Reembolso Postal

ISBN 85-03-00817-3

CAPA: LEONARDO IACCARINO
FOTO: ARQUIVO MUSEU DE LITERATURA BRASILEIRA DA FUNDAÇÃO CASA DE RUI BARBOSA

CIP-Brasil. Catalogação-na-fonte
Sindicato Nacional dos Editores de Livros, RJ.

E76f

Espinheira Filho, Ruy, 1942-
Forma e alumbramento: poética e poesia em Manuel Bandeira / Ruy Espinheira Filho. – Rio de Janeiro: José Olympio: Academia Brasileira de Letras, 2004.

Inclui bibliografia
ISBN 85-03-00817-3

1. Bandeira, Manuel, 1886-1968 – Crítica e interpretação. 2. Poesia brasileira – História e crítica. I. Academia Brasileira de Letras. II. Título.

04-0830

CDD – 869.91
CDU – 821.134.3(81)-1

Agradecimentos

A Antonio Carlos Secchin, pela leitura crítica que me ajudou a melhorar este trabalho. A Paulo Henriques Britto, André Seffrin, Ivan Junqueira, Aleilton Fonseca, Gerana Damulakis e Valdomiro Santana, pela indicação e fornecimento de textos enriquecedores. A Maria da Paixão, pelo afeto e pela confiança. A meus filhos, Matilde e Mario, pelo estímulo de suas existências.

A
Paulo Ribeiro Martins
que,
num momento especialmente inspirado
da juventude,
emprestou-me *Poesias escolhidas,*
de Manuel Bandeira,
propiciando-me assim um dos meus maiores
alumbramentos.

A
Ivan Junqueira,
conhecedor maior do poeta de Pasárgada
e também admirável
na poesia
e na amizade.

Poetas e romancistas foram sempre os melhores propulsores de compreensão estética. Muito mais até que os críticos profissionais técnicos de suas artes, porque estes são levados fácil e insensivelmente para o lado didático, em vez de para o lado criador, da crítica.

Cartas. "Mário de Andrade/Oneyda Alvarenga", p. 292.

(...) a melhor crítica literária, a mais iluminadora e durável, não é feita pelos críticos profissionais, mas pelos próprios artistas criadores.

Antonio Candido: "Crítica de poeta". *Diário de São Paulo*, 7 de março de 1946.

A meu sobrinho, para que recorde apenas a técnica do verso, porque quanto à essência o melhor é pedir inspiração à sua própria alma.

Dedicatória escrita por Sousa Bandeira num tratado de versificação com o qual presenteara seu jovem sobrinho Manuel Bandeira.
"Discurso de Posse na Academia Brasileira de Letras". In: Bandeira, Manuel. *Poesia e prosa*, v. II. Rio de Janeiro: Aguilar, 1958, p. 963.

SUMÁRIO

Extenso e minucioso trabalho

Manuel Bandeira faleceu em 1968 e, como ocorre com quase todos os escritores, sua obra mergulhou numa zona de espesso silêncio durante os dez anos que se seguiram à sua morte. Ademais, na poesia que se escreveu entre nós àquela época consolidava-se o nome de Carlos Drummond de Andrade, herdeiro natural de Bandeira, e ascendia o de João Cabral de Melo Neto, cujos primeiros poemas pagam flagrante tributo a Drummond. Mas já a partir da década de 1980 a poesia de Bandeira voltaria a ser objeto de agudo interesse por parte da crítica. Eu mesmo daria minha modesta contribuição com os estudos que incluí na antologia crítica *Testamento de Pasárgada* (1980), a que se seguiram os ensaios de Joaquim-Francisco Coelho (*Manuel Bandeira pré-modernista*, 1982), de Affonso Romano de Sant'Anna ("Manuel Bandeira pré-modernista: do amor místico e perverso pela santa e a prostituta à família mítica permissiva e incestuosa", em *O canibalismo amoroso*, 1985), de Davi Arrigucci Jr. (*Humildade, paixão e morte: a poesia de Manuel Bandeira*, 1990), de Edson Nery da Fonseca (*Alumbramentos e perplexidades*, 2002) e de Yudith Rosenbaum (*Manuel Bandeira: uma poesia da ausência*, 2002). Isto sem falar na edição completa da correspondência que mantiveram entre si Bandeira, Drummond e Mário de Andrade, além da reedição ampliada, da *Homenagem a Manuel Bandeira*, organizada por Maximiano de Carvalho e Silva em 1989.

Agora é a vez do poeta e ensaísta baiano Ruy Espinheira Filho dar-nos a sua bela e arguta contribuição ao processo de resgate do autor neste *Forma e alumbramento: poética e poesia em Manuel Bandeira*, na qual são analisados diversos aspectos do legado bandeiriano, incluindo-se aí, entre outros, questões como as da arte e do artesanato, da palavra e do impulso lírico, do destino e da fatalidade existenciais, do verso e do ritmo, da distinção entre tema e assunto, da libertação lírica, das influências e confluências, do ambiente literário em que se formaram o ideário dos modernistas e o pensamento poético de Bandeira e, afinal, das três naturezas que lhe embasam o processo de criação. É bem de ver que se trata de obra ambiciosa e que, em certo sentido, se dispõe a rever, com meticulosa metodologia crítica, quase tudo o que até agora se escreveu entre nós sobre a poesia e a poética do autor.

É praticamente impossível, senão mesmo leviano, sumariar aqui todos os aspectos do extenso e minucioso trabalho de Ruy Espinheira Filho, de modo que nos deteremos numa breve análise do último capítulo do livro, "As naturezas do poeta", onde o ensaísta, já sem o amparo das fontes de que anteriormente se servira, nos proporciona uma visão mais pessoal da poesia de Bandeira. E, curiosamente, é onde mais acerta e mais acrescenta à fortuna crítica do autor de *Libertinagem*, concluindo, com rara lucidez, que é preciso distinguir entre as três naturezas do poeta. A primeira seria a de um Bandeira "saudável, dinâmico, alegre e esperançoso"; a segunda, que se lhe segue do ponto de vista cronológico e lhe impôs a doença, configuraria aquela que dá origem ao poeta; e a terceira, que surgirá mais tarde, se confundiria com a "da plácida aceitação *do fim de todos os milagres*", como se pode ver no conjunto poemático de "Preparação para a morte". É no mínimo astuciosa a investigação a que procede Ruy Espinheira Filho no sentido de descer às origens escatológicas dessas três naturezas, de nos revelar como elas se justapõem em determinados poemas e como dominam certos períodos da poesia bandeiriana, e de nos provar, ao cabo, que, sem o fundo conhecimento de cada uma delas, jamais será possível descortinar e compreender o *continuum* de sua obra poética, que não comporta propriamente fases, mas faces que nos contemplam, ora claras, ora esfíngicas, desde *A cinza das horas* até o último verso que Bandeira escreveu.

Ivan Junqueira
Presidente da Academia Brasileira de Letras

Introdução

Manuel Bandeira foi o poeta brasileiro mais lírico e límpido do século XX. Seu lirismo está presente desde os primeiros poemas — e às vezes de maneira tão espontânea e solta que Mário de Andrade (que queria o poema com *intencionalidade*, ou seja, elaborado, não apenas *recolhimento* de impulso lírico), chegava a reclamar.

Mas Bandeira está muito longe de ser apenas um registrador de impulsos líricos. Por isso o título deste trabalho — porque o poeta era tanto o mestre da técnica, o cultor da forma, como o iluminado de alumbramentos, de epifanias. Em toda a sua obra (à exceção, é claro, dos poemas de mero exercício formal, como veremos), a marca profunda é a do autor tão inspirado quanto culto e com absoluto domínio técnico, capaz de se expressar sem sinais de *dificuldades* entre o sopro lírico e a obra realizada; de nos entregar a obra de arte sem mácula do *trajeto* de sua criação, numa limpidez de composição perfeitamente harmônica e de extremo despojamento. Foi isto que fez com que Sousa da Silveira tomasse um dos seus versos — *Eram as suas mãos mais lindas sem anéis* — para "princípio orientador" de sua estética, uma estética sem adornos.[1] Neste sentido, pode-se falar em poesia *pura*. Nunca, porém,

[1]In: *Homenagem a Manuel Bandeira* (cinqüentenário do poeta, 1936). Rio de Janeiro: Oficinas tipográficas do Jornal do Comércio, 1936, 238 p. Edição fac-similar: São Paulo: Metal Leve/ Hamburg, p. 221. Como será citado outro livro chamado *Homenagem a Manuel Bandeira* (com textos comemorativos do centenário do poeta e dos vinte anos do seu falecimento), as referências levarão as datas respectivas: 36 e 86-88).

no sentido de livre das impurezas da existência, do mundo e da condição humana, o que ele jamais buscou e, pelo contrário, rejeitou explicitamente em verso e em prosa.

A marca de autor culto e com absoluto domínio técnico é o que se constata na obra poética em si e em toda a prosa que Bandeira escreveu a respeito da poesia, sua e alheia. Assim, foi ele também um crítico — tanto como poeta (exercendo a crítica nos próprios poemas) quanto como prosador (memorialista, cronista, articulista, ensaísta etc.). Como poeta (ou seja, em composições poéticas propriamente ditas, em exercício de metalinguagem e arquitetura de uma *arte poética*), manifestou-se criticamente em textos como — principalmente — "Os sapos" (do seu segundo livro, *Carnaval*, poema lido publicamente, com bastante escândalo, na Semana de Arte Moderna de 22), "Poética" (do seu quarto livro, *Libertinagem*) e "Nova poética" (incluído em *Belo belo*, seu sétimo livro). Quanto à prosa, revelou-se como pensador da poesia em inúmeros ensaios, artigos, prefácios, crônicas, organização de antologias e, particularmente, em *Itinerário de Pasárgada*, volume de memórias e reflexão estética, uma espécie de história da *construção* — nos limites do que pode ser captado e expresso racionalmente — do poeta Manuel Bandeira. Para aproveitarmos o título admirável de Jorge de Lima, uma invenção de Orfeu. E ainda há o Bandeira correspondente: muitas de suas cartas são importantes para melhor conhecimento de sua poética. Sobretudo — como veremos especialmente no Capítulo 5 — as cartas enviadas a Mário de Andrade, com quem manteve uma correspondência de 22 anos (1922-1944).

É principalmente para esse seu lado crítico — o pensamento estético — que pretendo dirigir mais a atenção, procurando mostrar que o lirismo e a limpidez de Bandeira (já presentes nos três primeiros livros e intensificados na fase propriamente moderna) são, na verdade, resultantes de uma elaboração sofisticada (conhecimento técnico e aplicação excepcional de técnicas). Que sua evolução se deu com bastante reflexão e estudo. Enfim, com *intencionalidade*. Embora, como criador, Bandeira fosse bem mais o *fatalizado* de que tanto falou Mário de Andrade. Ou seja: o contrário do construtor a frio — o ourives bilaqueano que criticou em "Os sapos".

Não tinha ele nenhuma tolerância para com o que lhe parecesse *fácil*, partindo logo para combater os equívocos. Como quando escreveu sobre o verso livre, de "enganosa facilidade", argumentando que é bem mais complexo do que o verso medido, tendo o autor de "criar o seu ritmo sem auxílio de fora".[2] Com "a ilusão de que uma série de linhas desiguais é poema" (ib.), muita gente começou a perpetrar crimes "poéticos" (os quais, na verdade, continuam a ser perpetrados) seguidamente, indignando o poeta.

Autor que tanto produzia sua arte quanto refletia sobre ela, Bandeira estava sempre questionando fórmulas consagradas, experimentando, abrindo novas possibilidades de expressão. E debatendo, polemizando, teorizando. Alfredo Bosi se refere à importância de sua prosa crítica, observando que temos muito o que aprender em seus ensaios sobre os nossos poetas, "lidos não só de um ponto de vista histórico, mas por dentro, como às vezes só um outro poeta sabe ler".[3]

A trajetória literária de Bandeira já é, por si só, um longo exercício crítico — pois ele se iniciou sob influências parnasianas e simbolistas, as quais caracterizam, com domínio cada vez menos marcante, os seus três primeiros livros — *A cinza das horas*, *Carnaval* e *O ritmo dissoluto*. Assim, a presença mais forte dessas influências se mostra em *A cinza das horas*, como destaca Joaquim-Francisco Coelho, em seu estudo sobre o pré-modernismo bandeiriano, quanto observa, após abordar os ditames simbolistas, que o poeta se deixa levar pela tendência,

> provinda do Parnasianismo, de sobrepor o verso à poesia, fomentando o surgimento de uma "écriture artiste" em que o "meio" predomina ostensivamente sobre a "mensagem".[4]

Só aos poucos o ideário do simbolismo (que, na verdade, continuará, aqui e ali, emergindo através de certos termos, cacoetes e algumas metáforas) e a frieza formal do parnasianismo (que permanecerá também em algumas recorrências)

[2]"Poesia e verso". In: Bandeira, Manuel. *Poesia e prosa*, v. II. Rio de Janeiro: Aguilar, 1958, p. 1.282. (Daqui por diante este volume será sempre referido como *Poesia...*, seguindo-se os números das páginas citadas.)
[3]Bosi, Alfredo. *História concisa da literatura brasileira*. 32. ed. São Paulo: Cultrix, 1994, p. 365.
[4]Coelho, Joaquim-Francisco. *Manuel Bandeira pré-modernista*. Rio de Janeiro: José Olympio/INL-MEC, 1982, p. 20.

vão abandonando suas composições.[5] E, com novas leituras (e mesmo velhas, como a da poesia camoniana) e reflexões, vai também aos poucos o poeta descobrindo sua própria poesia, ou seja: as técnicas — linguagem, ritmos, harmonias — mais apropriadas para a condução do seu sopro lírico. Processo que o levou de simbolista-parnasiano a se firmar como um dos poetas mais modernos e pessoais da nossa história literária.

Essa trajetória pode ser facilmente seguida através dos poemas, assim como dos inúmeros textos em prosa que Bandeira deixou sobre literatura, particularmente poesia. Na verdade, devido a essa trajetória, poderíamos falar em *estéticas*, no plural, já que ele se serviu de várias. Podemos mesmo afirmar que seguir o itinerário poético-crítico bandeiriano é como acompanhar o desenvolvimento da poesia brasileira no século XX. A este respeito, escreve Ribeiro Couto, em 1936:

> Na obra de Manuel Bandeira a matéria se apresenta com as mais diversas variações prismáticas. Ela condensa as principais fases da poesia brasileira nestes últimos trinta anos. Se por ali seguimos, antes de tudo, a evolução de uma personalidade que foi pouco a pouco identificando seu ser profundo com a poesia, seguimos também, por tabela, a evolução da poesia nacional nesse largo período: poesia que viveu a aventura dos *valores formais* exclusivos, oportunamente substituídos pelos *valores essenciais*; poesia que passou da simples *composição* para a *criação total*.[6]

Nenhum outro poeta (nem mesmo Mário de Andrade, que foi mestre de todos) absorveu tanto em sua obra os movimentos dos últimos cem anos, as-

---

[5]Ivan Junqueira questiona a influência parnasiana habitualmente atribuída a Bandeira, a qual lhe parece "sem qualquer importância". E acrescenta: "Na verdade, a primeira poesia de Bandeira deve ser entendida como parte integrante do processo literário da reação simbolista contra a tirania métrica e o preciosismo vocabular do ideário estético parnasiano, cujas premissas o poeta jamais subscreveu." In: Junqueira, Ivan. *Testamento de Pasárgada.* (Antologia e estudos críticos sobre a poesia de Manuel Bandeira.) Rio de Janeiro: Nova Fronteira, 1980, p. 49. É fato que Bandeira superou o parnasianismo, sobretudo a partir de 1912, mas também é verdade que ele não resistiria, por várias vezes, à retomada das técnicas parnasianas, como veremos.

[6]Couto, Ribeiro. *Dois retratos de Manuel Bandeira.* Rio de Janeiro: Livraria São José, 1960, p. 13-14.

sim como as vozes que ainda chegavam do século XIX, além da tradição milenar. Também nenhum poeta calou mais fundo na alma brasileira do que o autor de "Evocação do Recife". Esta preferência dos leitores (que vão dos mais sofisticados aos de formação mais simples) certamente é devida ao fato de ser a poesia de Bandeira feita de — para usarmos uma frase de Harold Bloom — "sentimentos humanos descritos em linguagem humana".[7]

Num país em que o individualismo e o subjetivismo costumam ser atacados como exemplos de inferioridade, Bandeira conseguiu ser aclamado como um dos nossos maiores. Certo que alguns ainda tentam negá-lo, classificando-o como poeta menor, mas isto porque confundem *tema* com qualidade estética — e acreditam que arte é uma espécie de artimanha feita *fora da vida*, não sabendo que arte e vida se confundem, que são uma coisa só — por mais que queiramos ver apenas truques, ficções, *personas*, máscaras.

Falando de si, Bandeira obteve aquela aceitação emocionada e agradecida dos leitores a que se referiu na correspondência e nas memórias. Individualista, subjetivo, ele fala de todos, por todos. Não precisamos ser tísicos para sentir sua tísica. Ela é um mal, e todos nós temos os nossos males, não importa quais sejam. Quanto aos sentimentos (amor, desamor, esperança, desesperança etc.), são também de todos. Bandeira conquistou os leitores desde o primeiro momento. Foi uma afinidade imediata, digamos assim, como ocorreu no caso de Augusto dos Anjos.

Na verdade, o lugar da arte é sempre a interioridade. Não foi por outro motivo que Mário de Andrade, acompanhando a carreira de Tarsila do Amaral, temendo que ela perdesse a autenticidade, a *originalidade*, escreveu-lhe certa vez: "Tarsila, Tarsila, volta para dentro de ti mesma."[8] Na carta enviada a Mário em 12 de janeiro de 1944, dizia Bandeira:

> Lembro-me que hesitei em publicar o meu primeiro livro de versos porque eram tão pessoais na sua tristeza de doente todo voltado para a sua doença. Depois, com o tempo, vi que as minhas queixas exprimiam queixas de outros, davam consolo a outros. Recebi confidências nesse

[7]In: *Como e por que ler*. Rio de Janeiro: Objetiva, 2001, p. 24.
[8]In: *Correspondência — Mário de Andrade & Tarsila do Amaral*. Organização de Aracy Amaral. São Paulo: Edusp/IEB, 2001, p. 79.

sentido. Fiquei muito confortado porque não me senti mais inútil. Um poeta que se exprime ingenuamente, mesmo que tenha a ilusão de fazer arte pura, age socialmente.

Talvez tenha igualado Bandeira, na consagração do público, Carlos Drummond de Andrade. Mas Carlos Drummond de Andrade admirava, no Brasil, acima de todos, um poeta: Manuel Bandeira. Esta admiração ele proclamou inúmeras vezes, não aceitando ser comparado ao amigo mais velho, o qual tinha na condição de "mestre" — como se vê, por exemplo, na entrevista publicada pela *Folha de São Paulo* em 19 de abril de 1986, quando da comemoração do centenário de Bandeira.[9]

Em suma, este trabalho busca oferecer um *acompanhamento* do pensamento de Bandeira sobre poesia, da sua reflexão *poética*. Um Manuel Bandeira *em processo*: experimentando, questionando, polemizando, realizando. No Capítulo 1 — "Fatalidade, inspiração e verso livre" —, são tratados temas ligados às condições existenciais do poeta e ao seu processo de criação. No Capítulo 2 — "Influências e artes poéticas" —, são examinadas questões de artesanato, arte, influências e relação com "novas" escolas. O Capítulo 3 — "A poesia em tudo" —, levanta problemas de tema e assunto, acompanhando o poeta no rumo de uma poesia mais "interessada". O Capítulo 4 — "Poéticas revolucionárias" — visita o poeta em luta estética através de sua própria poesia. O Capítulo 5 — "Um diálogo de 22 anos" — lê parte da correspondência entre Manuel Bandeira e Mário de Andrade, na qual há uma intensa troca de idéias e críticas, com direito a "incomunicabilidades", mágoas e "encrencas" variadas. A informalidade do diálogo ("de chinela e pijama", argumento que eles às vezes usavam para justificar uma crítica mais violenta) nos permite uma visão privilegiada do pensamento de ambos, de suas pesquisas, tentativas, hesitações, dúvidas, descobertas — enfim, de sua evolução poética. Encerrando, o Capítulo 6 enfoca as três *naturezas* — ou as três mortes — do poeta, isto é, sua relação com a morte (e com a vida, naturalmente) expressa nos primeiros poemas, nas obras de maturidade e na velhice.

[9]In: Carvalho e Silva, Maximiano de (org.). *Homenagem a Manuel Bandeira (1986-1988)*. Rio de Janeiro: UFF — Sociedade Sousa da Silveira/Monteiro Aranha/Presença, 1989, p. 6.

De rapaz desenganado a um dos autores mais amados e respeitados de seu país, cultor sofisticado das técnicas tradicionais e um dos mais ousados vanguardistas da história de nossa literatura, Manuel Bandeira foi um grande combatente, não fugindo a desafios e polêmicas, o que contraria a imagem de fragilidade que dele se costuma ter, devido aos seus problemas de saúde. Convivendo com várias gerações de escritores, absorvendo ou rejeitando proposições estéticas, jamais traiu sua sensibilidade ou suavizou seu juízo crítico. Estudou, estudou muito, e muito aprendeu. Ao contrário de certo poeta, que por isso lhe mereceu censura numa carta a Mário de Andrade, não estudou "para repetir" — mas para melhor poder criar.[10]

[10]In: *Correspondência — Mário de Andrade & Manuel Bandeira*. Org., introd. e notas de Marcos Antonio de Moraes. (Col. Correspondência de Mário de Andrade 1.) São Paulo: Edusp/IEB, 2000, p. 316. Esta publicação será citada aqui como *M & M*, para diferenciá-la da *Correspondência* com João Cabral.

Capítulo 1

FATALIDADE, INSPIRAÇÃO E VERSO LIVRE

Sou bem-nascido. Menino,
Fui, como os demais, feliz.
Depois, veio o mau destino
E fez de mim o que quis.

"Epígrafe"

(...) quase tudo resulta de um jogo de intuições. Não faço poesia quando quero e sim quando ela, poesia, quer.

"Itinerário de Pasárgada"

À primeira vista, parece mais fácil de fazer do que o verso metrificado. Mas é engano. Basta dizer que no verso livre o poeta tem de criar o seu ritmo sem auxílio de fora.

"Poesia e verso"

(...) desprovido o poema dos encantos exteriores de metro e rima, ficava apenas... o talento.

Mário de Andrade: "A poesia em 1930"

1.1 – DESTINO E FATALIDADE

A história é famosa — e principalmente contada, pelo seu personagem principal, no *Itinerário de Pasárgada* (*Poesia...*, p. 6-112): bem-nascido e feliz, o menino acabou, devido às malasartes do *mau destino* (representado particularmente pela tísica), se transformando em poeta. Seu sonho, como conta, era ser arquiteto. Tal era a sua — com todo o incentivo do pai — resolução. Não fosse o mau destino, arquiteto seria aquele a quem hoje conhecemos como poeta. Isto, é claro, para o leitor ingênuo — que não percebe ser o poeta (o artista, de um modo geral) uma *condição*. Quer dizer: ninguém *opta* pela arte, ninguém *se torna* artista. Muito menos por não ter conseguido levar adiante outra *profissão*... O artista não resolve ser artista: ele *é* artista *desde sempre*. O menino que desejava construir casas e edifícios já era, ainda que inconscientemente, o poeta Manuel Bandeira. Houve o *mau destino*, é certo, mas já havia um destino maior: o de poeta. Destino no sentido que lhe dava Mário de Andrade — ao dizer que o artista é um *fatalizado*.

O amor de Bandeira pela arquitetura era mais uma atitude intelectual que muito — se não tudo — tinha a ver com a influência do pai engenheiro. Já a poesia vinha de longe, desde as mais remotas emoções da infância, como está dito nas primeiras linhas do *Itinerário...* Ficaram-lhe, por exemplo, na memória, provocando intensa emoção poética, os versos de uma célebre e cruel história que era (e talvez ainda o seja, em algum recanto do país em que tudo ainda não tenha sido destruído pela comunicação moderna, em especial a TV, com suas histórias bem mais cruéis e sem nenhuma poesia) contada às crianças:

> Capineiro de meu pai,
> Não me corte meus cabelos.
> Minha mãe me penteou,
> Minha madrasta me enterrou

Pelo figo da figueira
Que o passarinho bicou.
Xô, passarinho! (*Poesia e prosa*..., p. 11-12).[11]

Também comoviam o menino as cantigas de roda, algumas das quais foram parcialmente incorporadas a poemas seus. E ainda havia

> as trovas populares, coplas de zarzuelas, *couplets* de operetas francesas, enfim versos de toda a sorte que me ensinava meu pai (*Poesia*..., p. 12).

Como se vê, o pai também procurava cultivar nele a sensibilidade poética, com o objetivo tanto de diverti-lo quanto de enriquecer-lhe o espírito. Segundo Ribeiro Couto,

> o Dr. Manuel Carneiro de Sousa Bandeira não era só engenheiro notável: era também, na intimidade, um conversador adorável, com uma extraordinária veia humorística, sabendo dizer uma infinidade de versos e histórias populares com um perfeito dom de imitação prosódica (*Dois retratos*..., p. 51).

A arquitetura seria uma profissão, um meio de vida, enquanto os versos não passariam de enfeites, doiraduras de educação refinada. Afinal, ninguém educa filho para ser poeta, senão para sobreviver, da melhor forma possível, na sociedade. Para sobreviver, inclusive, se for o caso, à condição de poeta... É claro que falamos de *profissão* no sentido vulgar do termo. Em conotação mais profunda, o artista é, sempre, um profissional de sua arte. Osman Lins, diferenciando profissão de trabalho, atividade, ocupação, função, escreve:

> O profissional é aquele que professa — e professar, mais do que exercer, é abraçar, seguir. A idéia, portanto, deve envolver uma noção de

[11]Esta história também impressionou Jorge de Lima. Ele registra os versos em "Essa negra Fulô", com a variação que este autor também conheceu na infância: *Minha mãe me penteou/minha madrasta me enterrou/pelos figos da figueira/que o Sabiá beliscou.* In: Lima, Jorge de. *Poesias completas*, Rio de Janeiro: Aguilar/MEC/INL, 1974, p. 120.

entrega, de responsabilidade e de fé — e talvez de criação — com respeito à atividade escolhida.[12]

Fosse outra a história, não houvesse interferido o *mau destino*, provavelmente teríamos tido um arquiteto que seria — *profissionalmente* — um poeta. Nunca teríamos apenas a *resolução*, o arquiteto,[13] pois a *condição*, o poeta, se afirmaria de qualquer maneira. E teria havido mesmo, em Bandeira, uma real vocação para a arquitetura? Ele afirmou, mais de uma vez, que sim. Os críticos e historiadores da literatura repetiram suas palavras. Mas certa vez ele declarou coisa bem diferente — em entrevista a Homero Senna. Vejamos este trecho do depoimento:

> — Acha que teria dado um bom arquiteto?
> — Acho que sim, pelo menos do ponto-de-vista funcional.
> — Mas pode-se dizer que tivesse vocação para essa profissão?
> — Não creio que a arquitetura fosse a minha vocação. Em rigor, não sinto, nunca senti vocação para coisa nenhuma, o que considero uma infelicidade.[14]

Não há nenhuma novidade em um artista dizer que se tornou artista por não ter vocação para nada. Já vimos que o *se tornou* não faz sentido, já que a condição de artista antecede a tudo — e talvez por isso tanto se fale em ausência de uma vocação, a qual significa mais a constatação de uma determinada habilidade do que uma *fatalidade*. Tal constatação, para o artista, é problemática, pois a arte não é uma inclinação, uma tendência — mas uma *essencialidade*, que independe de desejos e opções, permanecendo um enigma jamais redutível

[12]Lins, Osman. *Guerra sem testemunhas*. São Paulo: Ática, 1974, p. 86.
[13]A sensibilidade arquitetônica permaneceu sempre viva em Bandeira, provocando-lhe louvores, preocupações e manifestações críticas, como quando escreveu, por exemplo, as crônicas "Bahia" (*Poesia e prosa*, cit., p.123-133), "Um purista do estilo colonial" (p. 137-139) e "Velhas igrejas" (p.142-144). Em "Um purista...", ele chega a prever a demolição da "Sé velha da Bahia" (p. 139). E não se pode esquecer, é claro, o *Guia de Ouro Preto*
[14]Senna, Homero. "Viagem a Pasárgada". In: *República das letras*. Rio de Janeiro: Gráfica Olímpica, 1968, p. 57.

à decifração pela lucidez intelectual, muito mais forte e acima do que jamais poderia ser qualquer decisão de vontade. Assim, Manuel Bandeira não se sentia com vocação para nada — por já se encontrar repleto de sua própria condição de poeta. De poeta "nascido", como observara João Ribeiro em crítica de 1917.[15] Os versos que ele dizia ter passado a fazer, depois da manifestação da doença, "por necessidade, por fatalidade" (*Poesia...*, p. 20), teriam sido feitos, pelas mesmas razões, em plena saúde pulmonar — só que compondo poemas sem hemoptises e pneumotórax. Porque a "fatalidade" não era a doença — mas a poesia.

Na verdade, como ele mesmo conta, já escrevia muito — e com intenção de se mostrar como poeta — antes da manifestação da tísica. Tanto que, ainda ginasiano, mandou para a revista *Universal*, fundada por Medeiros e Albuquerque, um soneto em louvor de Chateaubriand. A composição não foi publicada, tendo o redator da revista dado a seguinte resposta ao colaborador: "O seu soneto não está mau. Também não está bom. Enfim, continue." E ele continuou, conseguindo, algum tempo depois, publicar um soneto — "de um erotismo que bem traía as curiosidades sexuais da adolescência" — no *Correio da Manhã* (ib.).

A tísica caracterizou, por assim dizer, a maior parte de sua poesia, porém — é claro — não a gerou. Afinal, como se sabe, o bacilo de Koch não pertence à categoria das musas...

Doença e poesia são inseparáveis na história de Manuel Bandeira. Wilson Martins diz que lhe tiraria toda a interpretação poética de um único dos seus versos, o final de "Auto-retrato": *um tísico profissional*. Segundo ele, Bandeira foi tão *profissional* na doença quanto na poesia, ou seja, administrou a ambas com humildade, a humildade "objetiva e 'científica' do homem que sabe curvar-se ao inevitável", que "se obriga a obedecer com espontaneidade ao mal insidioso, que não deve forçar a cura nem desafiar a doença", assim como não se deixa embriagar "com o incenso dos seus admiradores" nem contaminar-se com "o cerebralismo gelado que é o caldo de cultura multiplicador de todos os

[15]In: *O Imparcial*, Rio de Janeiro, 23-07-1917, sob o título *A cinza das horas*. Republicado, como nota preliminar a *A cinza das horas*, in: Bandeira, Manuel. *Poesia completa e prosa* (volume único). Rio de Janeiro: Nova Aguilar, 1996, p. 115-118.

bacilos esterilizantes", o que equivaleria à obediência de um "regime"— o da "produção natural e espontânea".[16]

Manuel Bandeira teve a existência que teve, hoje já muito conhecida, e foi, sem dúvida, um dos poetas que mais abertamente expuseram a vida em versos. Talvez por isso tenha emocionado tão rápida e profundamente os seus leitores, desde os seus primeiros poemas publicados. Ribeiro Couto, por exemplo (*Dois retratos...*, p. 15-16), conta que chegou ao Rio (em 1918) apaixonado por Bandeira por causa de um único poema que dele conhecia: "Cartas de meu avô" (que também impressionou tanto a João Ribeiro que foi transcrito na íntegra na crítica há pouco citada). As cartas eram do avô, documentos de um amor antigo, mas a emoção era do poeta, ou melhor, a emoção que o poeta despertava no leitor com sua arte. Emoção ainda mais profunda e dominante (como Ribeiro Couto logo viria a descobrir) quando ele falava de si mesmo, de suas próprias emoções, de sua vida humilde, solitária e desencantada de tísico à espera da "indesejada das gentes", da Dama Branca que acabou tocando muito antes seus familiares: a mãe (1916), a irmã (1918), o pai (1920), o irmão (1922).

1.2 – PALAVRA E SOPRO LÍRICO

Já no início do *Itinerário de Pasárgada* (*Poesia...*, p. 11), Manuel Bandeira revela a sua descoberta do "segredo da poesia": reminiscências da primeira infância (Rio e São Paulo, até 1892), cujo conteúdo emocional ele constatou ser o mesmo de "certos raros momentos" da sua vida de adulto, acrescentando:

> num e noutro caso alguma coisa que resiste à análise da inteligência e da memória consciente, e que me enche de sobressalto ou me força a uma atitude de apaixonada escuta.

Considerando-se um "poeta menor" — sem acesso ao mundo "das grandes abstrações generosas", destituído daquela "espécie de cadinho onde, pelo calor do sentimento, as emoções morais se transmudam em emoções estéticas", diz:

[16]Martins, Wilson. *O modernismo*. 4. ed. São Paulo: Cultrix, 1973, p. 213.

> o metal precioso eu teria que sacá-lo a duras penas, ou melhor, a duras esperas, do pobre minério das minhas pequenas dores e ainda menores alegrias (*Poesia...*, p. 22).

Pelas classificações de Eliot, que se dedicou a examinar as características da chamada "poesia menor",[17] a obra de Manuel Bandeira jamais poderia ser considerada como tal. Hoje é, sem dúvida, um dos nossos clássicos, cintilando naquela "juventude eterna e irreprimível" que é, segundo Pound, a natureza do clássico.[18] E um clássico também na concepção de Eliot, que, no ensaio há pouco referido (p. 78), diz que um clássico só pode ser reconhecido como tal "graças a uma compreensão tardia, e em perspectiva histórica", e que a palavra mais exata para defini-lo seria *maturidade*. Ora, a tendência da poesia de Bandeira é *crescer* com o tempo, sendo hoje certamente mais *compreendida* do que no passado, reafirmando-se, ano após ano, como uma das obras mais maduras das primeiras décadas do século passado e de agora. Alguns críticos censuram-lhe certas "facilidades", poesia circunstancial e anedótica, recorrências de mero formalismo, mas tais momentos — que realmente existem, como veremos — são isto mesmo, apenas *momentos*. Lembrados porque ligados ao nome de um poeta que soube elaborar uma arte bem acima deles. Poeta que foi *sentido* pelos leitores e percebido em sua grandeza pelos críticos mais capazes de ler poetas — como José Guilherme Merquior, que escreveria:

> Bandeira — é sabido — se julgava "poeta menor". Contudo, menor, nele, só foi mesmo seu gênero predileto: a música de câmara do poeta curto, sem jeito de ode e sem fôlego épico. Nesses formatos, ele nos deixou algumas dezenas de textos (metrificados ou não) simplesmente perfeitos. Sua musa da confidência possuía uma impecável consciência artística. A responsabilidade do poeta andava de mãos dadas com a autenticidade do homem. Os modernistas foram gente muito gente; mas entre eles ressaltava o nobre caráter, a hombridade sem jactância desse grande emotivo autopoliciado, inimigo das efusões fáceis e dúbias — da

[17]Eliot, T. S. "O que é poesia menor?" In: *De poesia e poetas*. São Paulo: Brasiliense, 1991. Tradução e prólogo de Ivan Junqueira, p. 56-75.
[18]Pound, Ezra. *ABC da literatura*. Organização e apresentação de Augusto de Campos, tradução de Augusto de Campos e José Paulo Paes. São Paulo: Cultrix, 1970, p. 22.

literatice moral. Na vida literária do Rio do meio de século, a secura sem frieza do solteirão dentuça, do pernambucano que não conseguira gozar a vida inteira que poderia ter sido e não foi, luzia como uma estrela ética, a um só tempo altiva e cálida no fim da tarde modernista (*Homenagem...*, 1986-1988, p. 360).

Embora concordando com Mallarmé quanto às palavras como material da construção poética, pois "em literatura a poesia está nas palavras, se faz com palavras e não com idéias e sentimentos", observa Bandeira que é "pela força do sentimento ou pela tensão do espírito que acodem ao poeta as combinações de palavras onde há carga de poesia" (*Poesia...*, p. 22). Ele se confessa incapaz de construir um poema à maneira de Valéry, isto é, com *le plus de conscience possible*, em *toute lucidité*. Uma *lucidité* que virou "moda" — mais ainda: dogma — por muito tempo, justificando a existência de não-poetas que apenas dominavam técnicas, parnasianamente, irritando os que sabem que arte não é só artesanato, não se limita apenas à competência de um *fazer*. Em conhecido ensaio sobre Valéry, observa Edmund Wilson:

> Grande poeta que é, preferiríamos que não estivesse continuamente a explicar que trabalho super-humano não lhe custou compor seus poemas e a sugerir que, em comparação com a sua obra, a poesia de outros poetas é, as mais das vezes, fácil e superficial; especialmente quando recordamos sua resposta, a um missivista que se queixara de certa inversão canhestra em *La jeune parque*, de que o leitor dera precisamente com uma daquelas passagens do poema que ele, Valéry, "literalmente improvisara, na apressada lassidão de concluí-lo".[19]

Mas, embora proclamando a intencionalidade e o rigor, exaltando o *fazer* (o qual, segundo E. M. Cioran, tomava o lugar do *dom*, levando a uma "invenção desprovida de fatalidade, de inelutável, de destino"[20]) —, às vezes um fazer *a frio*, Valéry também afirmava que "na produção da obra, a ação vem sob a influência

[19]Wilson, Edmund. "Paul Valéry". In: *O Castelo de Axel*. Trad. de José Paulo Paes. São Paulo: Cultrix, 1967, p. 66.
[20]Cioran, E.M. "Valéry diante de seus ídolos". In: *Exercícios de admiração*. Prefácio e tradução de José Thomas Brum. Rio de Janeiro: Guanabara, 1988, p. 56.

do indefinível".[21] E exaltava a *essência* da poesia, combatendo professores e críticos — muitos dos quais, ainda hoje, se julgam (equivocadamente, é claro) "valéryanos" em sua atuação sempre extra-poética, nas universidades e nos suplementos literários — cuja incapacidade lhe provocava reflexões como estas:

> Entre esses homens sem grande apetite de Poesia, que não sentem necessidade dela e que não a teriam inventado, quer a má sorte que se inclua um grande número daqueles cujo fardo ou destino é julgá-la, discorrer sobre ela, estimular e cultivar o gosto por ela; e, em suma, conceder o que não têm. Freqüentemente eles dedicam a isso toda sua inteligência e todo seu zelo: o que nos faz temer pelas conseqüências.[22]

A leitura apressada de Valéry levou a muitos equívocos. Ele próprio se equivocou, a princípio, dando crédito a coisas como *A filosofia da composição*, de Poe, mas se reencontrou devido à sua própria força de poeta.

Quanto a Bandeira, o fato é que ele também produziu em *toute lucidité*, caso dos poemas que — como os exemplos parnasianos — estão mais para o artesanato do que para a arte. Ele assim depõe sobre o seu processo de criação:

> Na minha experiência pessoal fui verificando que o meu esforço consciente só resultava em insatisfação, ao passo que o que me saía do subconsciente, numa espécie de transe ou alumbramento, tinha ao menos a virtude de me deixar aliviado de minhas angústias. Longe de me sentir humilhado, rejubilava, como se de repente me tivessem posto em estado de graça.[23] Mas *A cinza das horas*, *Carnaval* e mesmo o *Ritmo dissoluto* ainda estão cheios de poemas que foram fabricados *en toute lucidité*. A partir de *Libertinagem* é que me resignei à condição de poeta quando Deus é servido (*Poesia...*, p. 21-22).

---

[21] Valéry, Paul. "Primeira aula do curso de poética". In: *Variedades*. São Paulo: Iluminuras, 1991, p. 199.

[22] "Questões de poesia". In: *Variedades*, p. 179. Estudo importante sobre a poética valéryana é desenvolvido em *Da inutilidade da poesia*, de Antonio Brasileiro. Salvador: EDUFBA, 2002.

[23] João Cabral de Melo Neto, em carta a Bandeira (17/2/1948): "Eu me lembro, por exemplo, de uma confissão sua, feita em conversa: a de que a poesia lhe chegava como um 'cio' (a palavra foi sua)". In: *Correspondência de Cabral com Bandeira e Drummond*. Organização, apresentação e notas de Flora Süssekind. Rio de Janeiro: Nova Fronteira/Casa de Rui Barbosa, 2001, p. 61.

Neste último livro estão incluídos dois poemas — "Chambre vide" e "Bonheur lyrique" — cuja *inexplicabilidade* de criação é relativa à língua em que foram compostos: Bandeira não sabe por que os escreveu em francês (p. 78). Em sua poesia, noutras palavras,

> quase tudo resulta de um jogo de intuições. Não faço poesia quando quero e sim quando ela, poesia, quer.

Bom exemplo disto é a composição de "Vou-me embora pra Pasárgada", que o poeta define como o poema de mais longa gestação de toda a sua obra (p. 79). Ele viu pela primeira vez o nome de Pasárgada, num autor grego, quando tinha uns 16 anos. Certo de ter sido em Xenofonte, procurou mais tarde, várias vezes, na *Ciropedia* e nada encontrou. O "douto frei Damião Berge" informou-o que Estrabão e Ariano, autores que ele nunca lera, falavam na cidade — fundada por Ciro, o Antigo, no local em que vencera a Astíages. Ficava a sudeste de Persépolis. Nas palavras de Bandeira:

> Esse nome de Pasárgada, que significa "campo dos persas" ou "tesouro dos persas", suscitou na minha imaginação uma paisagem fabulosa, um país de delícias, como o de "L'invitation au Voyage" de Baudelaire. Mais de vinte anos depois, quando eu morava só na minha casa da Rua do Curvelo, num momento de fundo desânimo, da mais aguda sensação de tudo o que eu não tinha feito na minha vida por motivo da doença, saltou-me de súbito do subconsciente esse grito estapafúrdio: "Vou-me embora pra Pasárgada!" Senti na redondilha a primeira célula de um poema, e tentei realizá-lo mas fracassei. Já nesse tempo eu não forçava a mão. Abandonei a idéia. Alguns anos depois, em idênticas circunstâncias de desalento e tédio, me ocorreu o mesmo desabafo de evasão da "vida besta". Desta vez o poema saiu sem esforço como se já estivesse pronto dentro de mim (p. 80).

Na nota introdutória do *Itinerário...* — "Biografia de Pasárgada" — ele escrevia:

> Quando eu tinha os meus quinze anos e traduzia na classe de grego do Pedro II a *Ciropedia* fiquei encantado com esse nome de uma cidadezinha fundada por Ciro, o Antigo, nas montanhas do sul da Pérsia, para lá passar os verões. A minha imaginação de adolescente começou a trabalhar, e vi Pasárgada e vivi durante alguns anos em Pasárgada.
>
> Mais de vinte anos depois, num momento de profundo *cafard* e desânimo, saltou-me do subconsciente este grito de evasão: "Vou-me embora pra Pasárgada!" Imediatamente senti que era célula de um poema. Peguei do lápis e do papel, mas o poema não veio. Não pensei mais nisso. Uns cinco anos mais tarde, o mesmo grito de evasão nas mesmas circunstâncias. Desta vez o poema saiu quase ao correr da pena. Se há belezas em *Vou-me embora pra Pasárgada*, elas não passam de acidentes. Não construí o poema; ele construiu-se em mim nos recessos do subconsciente, utilizando as reminiscências da infância (...).[24]

Às vezes o poema lhe *surge* "em horas impossíveis": no meio da noite, em meio a uma aula, na saída para um compromisso. Um destes casos foi "A última canção do beco", que aflorou quando o poeta se vestia para um jantar, continuou vindo enquanto ele caminhava, tomava o bonde. O poeta, no bonde, foi anotando os versos numa "estenografia improvisada", até que se quebrou a ponta do lápis e os versos continuando a vir. Chegando ao destino, pediu um lápis e escreveu o que ainda sabia de cor. De volta a casa, datilografou o texto — espantando-se ao verificar que o poema se compusera, à sua revelia, "*em sete estrofes de sete versos de sete sílabas*" (p. 99 — o grifo é de Bandeira). Até mesmo certas "soluções" felizes de suas traduções são atribuídas a um processo inconsciente (p. 100).

Bandeira chegou a elaborar numerosos poemas durante o sono. Em apenas duas oportunidades, porém, conseguiu recompô-los depois de acorda-

[24]Na carta de 3 de setembro de 1927, Bandeira anunciava o poema a Mário de Andrade: "Ando com uns projetos de redondilha para um poema aporrinhado cujo estribilho é

'Vou-me embora pra Pasárgada'

mas não tomou jeito de sair até hoje. Pasárgada é uma antiga cidade persa, você naturalmente sabe. Claro que não é vontade de ir pra Pérsia. Pasárgada é a coisa estapafúrdia pra onde um aporrinhado sente gana de ir."

do. De *Palinódia*,[25] salvou os primeiros e últimos versos; já "O lutador" (*Estrela...*, cit., p. 192) foi quase inteiramente salvo, necessitando o poeta apenas preencher "um ou outro claro" (*Poesia...*, p. 105). Ele relata a gênese do soneto:

> (...) ouvi um dia de minha prima Maria do Carmo de Cristo Rei, monja Carmelita, a narrativa de viagem que lhe fizeram umas irmãs peruanas, de volta de uma peregrinação a Ávila, onde viram as relíquias da reformadora do Carmelo. Naturalmente falaram com unção do coração transverberado da grande santa. A palavra "transverberado" impressionou-me fundamente. Passei o resto do dia pensando nela, mas sem nenhuma idéia de poema. No dia seguinte de manhã acordo com o soneto pronto na cabeça, com título e tudo. *Believe it or not.*

E acrescenta:

> Não sei até hoje quem seja o lutador. O primeiro quarteto não permite supor que se trate do Cristo: aplica-se, sim, a Beethoven, cuja biografia escrita por Romain Rolland li e reli comovidíssimo aos vinte e tantos anos. Tanto esse sonho como a "Palinódia" são coisas que tenho que interpretar como se fossem obra alheia.

Carlos Drummond de Andrade reporta assim o episódio:

> No apartamento de Manuel Bandeira (...) Conta-me que recebeu há dias carta de uma prima freira na qual se falava de uma santa que teve o coração transverberado (atravessado de luz). A palavra invocou-o, sem que entretanto lhe viesse à idéia fazer um poema de que ela fosse núcleo ou participante. Eis que, domingo, o poeta almoçou "com uma pequena", e depois estiveram em intimidade. Veio-lhe a seguir o estado de modorra, durante o qual compôs mentalmente um soneto, com título e tudo: "O lutador". No dia seguinte, escreveu a peça, mudando-lhe

[25]Bandeira, Manuel. *Estrela da vida inteira*. 5. ed. Rio de Janeiro: José Olympio, 1974, p. 125-126.

apenas uma palavra. O "coração transverberado" aparece no fecho do soneto, composto todo ele em estado de semiconsciência, não como ato de inteligência, diz Bandeira.[26]

Ele era, pois, um inspirado. Ainda sobre Bandeira, n'*O observador*... (p. 157-158), conta Drummond:

> (...) o poeta comenta o preconceito contra a inspiração, revelado por algumas correntes literárias de hoje, no Brasil e em Portugal. Alguém teria dito mesmo a Odylo Costa, filho, depois de ler poemas deste: "Estão bons, mas são inspirados..." "Ora" — diz Bandeira — "inspiração é coisa que não pode faltar em poesia e em tudo na vida. Até para atravessar a rua você precisa estar inspirado. Chamo de inspiração a uma certa facilidade, que em determinado momento nos ocorre, para fazer uma coisa."

Mas a inspiração — a *fonte*, o *sopro* — nada consegue expressar artisticamente sem os *meios*. Bandeira era um estudioso, um praticante da técnica, desde tenra idade. Dirigindo-se a ele, no discurso de recepção acadêmica, diz Ribeiro Couto:

> Verdade é que aos dez anos de idade escrevíeis quadrinhas satíricas e que até os dezesseis, uma vez por outra, vosso espírito se comprazia na correta metrificação de algum soneto (...) (*Dois retratos*..., p. 59).

Mas o interesse do menino pela poesia data de antes, dos seus oito ou nove anos. No *Itinerário*..., ele se recorda de procurar, no *Jornal do Recife*, a poesia que vinha diariamente na primeira página, assim como da

> estranheza, do mal-estar que me dava quando a poesia era soneto e eu, até então só afeito ao ritmo quadrado, me sentia desagradavelmente suspenso ao terceiro verso do primeiro terceto. A aceitação da forma soneto foi em poesia a minha primeira vitória contra as forças do hábito (*Poesia*..., p. 14).

---

[26]Andrade, Carlos Drummond de. *O observador no escritório*. Rio de Janeiro: Record, 1985, p. 47.

Aquele "mal-estar" é especialmente interessante por ter Manuel Bandeira se tornado um dos maiores sonetistas da poesia brasileira. O soneto atravessa toda a sua obra, do Parnaso ao Modernismo, e após o Modernismo, como um dos seus *meios* de expressão mais bem realizados. Em seu discurso de posse na Academia Brasileira de Letras (30 de novembro de 1940), disse ele:

> Nunca fui dos que moveram campanha contra o soneto, fatigados pelo abuso parnasiano dessa forma imortal, que se adapta em sua essência a todas as escolas, a todos os tempos, a todos os povos; que vemos atualmente um grande poeta — Augusto Frederico Schmidt — acomodar-se ao ritmo largo e sem rimas de sua livre poesia. Abuso menos condenável pela sua abundância do que pelo desvirtuamento da tradição petrarquista. Síntese harmoniosa da quadra, estrofe popular, e do terceto, estrofe culta, forma que lembra em suas duas quadras e seus dois tercetos a estrutura do coração humano com as suas duas aurículas e os seus dois ventrículos, o soneto é nos grandes modelos uma forma eminentemente subjetiva (*Poesia...*, p. 978-979).

Após criticar certas deturpações do soneto, o poeta diz que o "abuso maior" é "rebaixar o soneto a valor de estrofe", lembrando que, segundo Fritz Strich, o caráter fechado do soneto não se adapta à repetição estrófica e que, mesmo assim, Wordsworth havia composto toda uma *História da Igreja* em 137 sonetos, um outro cantara em sonetos a guerra da expulsão dos holandeses e Emílio de Menezes traduzira também em sonetos "O corvo" de Poe. Tratava-se, assim, de um abuso — o "abuso maior" — muito mais grave que o abuso fatigante dos parnasianos.

No caso de Augusto Frederico Schmidt, o elogio no discurso acadêmico fica prejudicado quando se lê a carta que Bandeira escreveu a Alphonsus de Guimaraens Filho em 19 de outubro de 1941.[27] Depois de dizer que o soneto "é poema de decassílabos", observa que os poetas "que não têm o verso medido

[27]In: Andrade, Mário de; Bandeira, Manuel. *Itinerários — cartas a Alphonsus de Guimaraens Filho.* São Paulo: Duas Cidades, 1974, p. 81.

nas ouças, mesmo quando da força extraordinária de um Schmidt ou de um Murilo, me causam um certo mal-estar nas minhas idéias sobre poesia". Fica claro, pois, que os sonetos schmidtianos, sem métrica e sem rima, não eram do seu agrado. Como não o eram também de Mário de Andrade — que, tendo afirmado que "qualquer métrica é prejudicial quando preestabelecida", acrescentou ser necessária a métrica a certos "gêneros poéticos", pois escrever "um soneto em verso livre seria criar um aleijão ainda mais defeituoso que certos sonetos de metros desiguais, dum Machado de Assis por exemplo".[28] Enfim, o "mal-estar" sentido por Bandeira nos primeiros contatos com o soneto se transformara em "mal-estar" quanto a qualquer abuso dirigido ao soneto, tanto no presente quanto no passado.

1.3 – FONTE E CONSTRUÇÃO

Se o poeta desistira de tentar produzir *en toute lucidité*, como já vimos, jamais descurava dos *meios*, que dominava com mestria. Sem eles, como transformar em arte o canto das *fontes*? Há, numa carta que Mário de Andrade escreveu a Oneyda Alvarenga, em 14 de setembro de 1940, um momento em que, após distinguir técnica (treino, prática) de conhecimento técnico (vida intelectual da técnica), ele busca mostrar a *feitura* da obra de arte:

> Da mesma forma que o equilibrista não pensa nos tombos que levou ou que conseguiu evitar, no momento em que está se equilibrando, também o poeta não pensa em sua técnica no instante de fazer, de criar o verso. Explico ainda mais: o momento divino de criar, sublime, absorpção [*sic*] total do ser, é um momento que dura um tempo mínimo. Porque técnica e conhecimento técnico coexistem na feitura da obra (não na *criação*, mas na *feitura*), um inconsciente e sublime, outro consciente, crítico e castigador, terrivelmente martirizador. De maneira que o pintor pode levar dez minutos inquietos, indecisos, angustiados de preparação de uma pincelada. Vê e cri-

[28] Andrade, Mário de. "A escrava que não é Isaura". In: *Obra imatura*. São Paulo: Martins/INL/MEC, 1972, p. 232.

tica o já feito, mistura as tintas na paleta, escolhe o pincel adequado pra pincelada que imagina, que a sua expressão exige dele. Tudo isto é crítica, é análise, é conhecimento técnico e no geral faz a gente sofrer. Mas no segundo em que o pintor dá a pincelada, só agora ele está na criação, está em estado de técnica. E não faz sofrer, é sublime, absorve totalmente o ser. Mas logo em seguida o artista cai de novo em estado de conhecimento técnico, em estado de indecisão, de sofrimento as mais das vezes, raro de total aprovação e prazer, criticando, julgando a pincelada que deu. E se a corrige no sentido de obter maior eficiência para a sua expressão, ele volta a acrescentar um novo segundo de técnica, de criação, ao primeiro.[29]

Nessa *feitura* deságuam as *fontes*. E às vezes é uma *feitura* que exige um longo período para chegar a uma solução — como veremos, adiante, no caso do poema "Gesso".

Bandeira, como já foi dito, não tinha nenhuma tolerância para com o que lhe parecesse *facilidade*, partindo logo para combater os equívocos. Como quando escreveu sobre o verso livre:

À primeira vista, parece mais fácil de fazer do que o verso metrificado. Mas é engano. Basta dizer que no verso livre o poeta tem de criar o seu ritmo sem auxílio de fora. É como o sujeito que solto no recesso da floresta deva achar o seu caminho e sem bússula, sem vozes que de longe o orientem, sem os grãozinhos de feijão da história de João e Maria. Sem dúvida não custa nada escrever um trecho de prosa e depois distribuí-lo em linhas irregulares, obedecendo tão-somente às pausas do pensamento. Mas isso nunca foi verso livre. Se fosse, qualquer pessoa poderia pôr em verso até o último relatório do ministro da Fazenda. Essa enganosa facilidade é causa da superpopulação de poetas que infestam agora as nossas letras. O modernismo teve isso de catastrófico: trazendo para a nossa língua o verso livre, deu a todo mundo a ilusão de que uma série de linhas desiguais é poema. Resultado: hoje qualquer subescriturário de autarquia em crise de dor de cotovelo, qualquer brotinho desiludido

[29] *Cartas — Mário de Andrade/Oneyda Alvarenga*. São Paulo: Duas Cidades, 1983, p. 289-290.

do namorado, qualquer balzaquiana desajustada no seu ambiente familiar se julgam habilitados a concorrer com Joaquim Cardozo ou Cecília Meireles (*Poesia...*, p. 1.282).[30]

É evidente que a culpa não cabia, nem cabe, ao verso livre — mas ao equívoco de certas pessoas. Que um dia também julgaram que fazer poesia era — simplesmente — metrificar e rimar. Metrificava-se, rimava-se — e eis a poesia. Mas já Aristóteles expusera o engano, ao mostrar a diferença que havia entre Empédocles, que escrevia ciência em versos, e Homero, que fazia poesia, observando que nada de comum existia entre ambos — salvo a presença do verso.[31]

Quanto ainda ao chamado verso livre, a visão de Bandeira é similar à de T. S. Eliot, para quem a liberdade em arte não existe — a não ser "quando aparece contra o pano de fundo de restrições artificiais".[32] Visão que também corresponde à de Mário de Andrade, o qual, observando que "a licença de não metrificar botou muita gente imaginando que ninguém carece de ter ritmo mais e basta juntar frases fantasiosamente enfileiradas para fazer verso livre", afirma ser essa "facilidade aparente" uma "dificuldade a mais", porque — conclui — "desprovido o poema dos encantos exteriores de metro e rima, ficava apenas... o talento". E logo adiante, no mesmo texto, diagnosticando a "desritmação" dos poetas de 1930, escreve que o verso livre "é justamente aquisição de ritmos pessoais", e que está claro que "se saímos da impersonalização das métricas tradicionais, não é pra substituir um encanto socializador por um vácuo individual", concluindo que o verso livre "é uma vitória do individualismo".[33]

---

[30]Também grandes poetas se deixaram enganar a princípio. Depõe Borges: "Como todo joven poeta, yo creí alguna vez que el verso libre es más fácil que el verso regular; ahora sé que que es más arduo y que requiere la íntima convicción de ciertas páginas de Carl Sandburg o de su padre, Whitman." Borges, Jorge Luis. *Obra poética — 1923/1977*. Buenos Aires/Madri: Alianza Tres-Emecé, 1981, p. 22.

[31]Aristóteles. *Arte retórica e arte poética*. Tradução (da versão francesa) de Antonio Pinto de Carvalho. São Paulo: Difusão Européia do Livro, 1959, p. 270.

[32]Cf. Eliot, T.S. "Reflexões sobre o *verso livre*". In: *Ensaios escolhidos*. Lisboa: Cotovia, 1992, p. 9-15.

[33]Andrade, Mário de. "A poesia em 1930". In: *Aspectos da literatura brasileira*. São Paulo: Martins, s/d., p. 27 e 28.

Sem dúvida, mas um individualismo com ritmo, rigor, vigor, caráter... enfim, talento.

Em 1911, já há muito dominando o verso medido, Bandeira "ainda não tinha idéia do que fosse o verso livre!" (*Poesia...*, p. 32). Foi por essa época que um poema de Guy-Charles Cros, "Paroles aux jeunes gens", lhe provocou particular impressão — e então

> o rapaz que fazia versos metrificados e rimados, e cujas maiores liberdades consistiam em não respeitar a cesura mediana de um alexandrino ou a pausa na quarta sílaba de um octossílabo, achou um sabor diferente nesses versos, em que a alexandrinos de corte tradicional se misturavam outros de livre movimento rítmico (p. 32-33).

Sua primeira tentativa se deu com "Carinho triste", de *O ritmo dissoluto*. Mas aqueles ainda "não eram versos livres, como não o eram tão pouco os do poema de Guy-Charles Cros"(ib.). Chegar a esse novo *meio* custou-lhe tempo e trabalho. Era mesmo coisa séria aquela "dificuldade a mais" do Mário de Andrade. Leiamos a história desta luta nas próprias palavras de Bandeira:

> O verso verdadeiramente livre foi para mim uma conquista difícil. O hábito do ritmo metrificado, da construção redonda foi-se-me corrigindo lentamente a força de que estranhos dessensibilizantes: traduções em prosa (as de Poe por Mallarmé), poemas *désavoués* pelos seus autores, como o famoso que Léon Deubel escreveu na Place du Carroussel às 3 horas de uma madrugada de 1900 (*Seigneur! Je suis sans pain, sans rêve et sans demeure*), *menus*, receitas de cozinha, fórmulas de preparados para pele, como esta:
>
> Óleo de rícino
> Óleo de amêndoas doces
> Álcool de 90°
> Essência de rosas.

Versos como os do meu "Debussy", "Sonho de uma Terça-feira Gorda", "Balada de Santa Maria Egipcíaca", "Na solidão das noites úmidas", "Bélgica", "A vigília de Hero", "Madrigal melancólico", "Quando perderes o gosto humilde da tristeza" ainda acusam o sentimento da medida. Ora, no verso livre autêntico o metro deve estar de tal modo esquecido que o alexandrino mais ortodoxo funcione dentro dele sem virtude de verso medido. Como em "Mulheres" o alexandrino "O meu amor porém não tem bondade alguma". Só em 1921, com "A estrada", "Meninos carvoeiros", "Noturno da Mosela", etc. fui conseguindo libertar-me da força do hábito. Mas não sei se não ficou sempre uma como saudade a repontar aqui e ali... Não me lembro de problemas dentro da metrificação, que eu não tivesse resolvido prontamente. No entanto os primeiros versos do poema "Gesso", que é em versos livres, me deram água pela barba durante anos. Originalmente me saíram assim:

Aquela estatuazinha de gesso, quando ma deram, era nova
E o gesso muito branco e as linhas muito puras
Mal sugeriam imagem de vida.

Não era possível manter aquele "ma deram", tão avesso ao gênio da fala brasileira. Além disso, o verso soava pesado e desgracioso. Havia que emendar, mas conservando a estatuazinha de gesso como cabeça de estrofe. Só em 1940 ("Gesso" é anterior a 1924, talvez de 22 ou 23), ao rever as provas da edição de *Poesias completas*, acertei com a solução:

Esta estatuazinha de gesso, quando nova
— O gesso muito branco, as linhas muito puras —
Mal sugeria imagem de vida.

Um número fixo de sílabas com as suas pausas cria um certo movimento rítmico, mas não é forçoso ficar no mesmo metro para manter o ritmo. Quando atentei nisso, senti-me verdadeiramente liberto da tirania métrica (p. 33-34).

Este depoimento mostra que ele tinha razões de sobra para a indignação quanto à "enganosa facilidade" que verberou, como vimos há pouco.

Bandeira foi o primeiro poeta brasileiro a dominar o chamado verso livre, entre outros recursos modernos. Nem mesmo Mário de Andrade, o chefe maior do movimento de renovação, sabia bem como escrever de acordo com as teorias que pregava. Isto está confessado na dedicatória de *Paulicéia desvairada*, que Mário faz a si mesmo. Leiamos o início:

> A Mário de Andrade
>
> Mestre querido.
>
> Nas muitas horas breves que me fizestes ganhar a vosso lado dizíeis da vossa confiança pela arte livre e sincera... Não de mim, mas de vossa experiência recebi a coragem da minha Verdade e o orgulho do meu ideal.
>
> Permiti-me que ora vos oferte este livro que de vós me veio.

Coragem e orgulho, mas apenas com estas virtudes não se faz arte alguma. Grandes lições foram dadas e meditadas, porém — por mais lúcidas e intensas que sejam — lições e meditações não garantem a realização artística. Por isso, com humildade, Mário acrescenta:

> Mas não sei, Mestre, se me perdoareis a distância mediada entre estes poemas e vossas altíssimas lições...

Porque Mário sabia que *ainda não sabia*. No artigo "Futurista?!",[34] já se definira como um que "no trato continuado das teorias estéticas ainda não achou a base, para ele verdadeira, onde se assentasse e porque o apuam dúvidas sobre o critério da arte e a concepção da beleza" e que, por isso, andava pelas ruas "crucificado numa interrogação!..." E no "Prefácio interessantíssimo" pede desculpas "por estar tão atrasado dos movimentos artísticos atuais", confessando-se "passadista" (por achar que ninguém "pode se libertar duma só vez das

[34]Brito, Mário da Silva. *História do modernismo brasileiro I — antecedentes da semana de arte moderna*. 2. ed. revista. Rio de Janeiro: Civilização Brasileira, 1964, p. 234.

teorias-avós que bebeu") e acrescentando que ele, autor daquele livro, seria hipócrita "se pretendesse representar orientação moderna que ainda não compreende bem".[35] Porque estava, de fato, tateando, experimentando meio às cegas, tentando levar para o campo da realização artística o que recebera e desenvolvera como teoria. Naquela época (1921), no Brasil, ninguém sabia ainda escrever modernamente. Estavam todos aprendendo[36] — e alguns dos modernistas jamais chegaram a produzir uma poesia moderna propriamente dita, embora conhecessem muito bem as idéias da nova estética. O maior exemplo é, sem dúvida, Menotti Del Picchia.

Bandeira, como dissemos, foi o primeiro a dominar o verso livre — e quem dele extraiu o melhor no século XX, só podendo ser comparado, nesta arte, a Carlos Drummond de Andrade (que com ele, obviamente, aprendeu muito). *O ritmo dissoluto*, que apareceu em 1924 (num volume que trazia também os livros anteriores), já o mostra aventurando-se no verso livre e noutros procedimentos propriamente modernos. Bandeira considera *O ritmo dissoluto* um livro "de transição" (*Poesia...*, p. 62) — e é, na verdade, bastante "misturado" (como acontece com *Carnaval*, que recebeu textos do tempo de *A cinza das horas*), contendo poemas contemporâneos dos de *Carnaval* e até anteriores a ele — como "Na solidão das noites úmidas", "Felicidade", "Mar bravo", "A vigília de Hero" (escrito ainda em Clavadel) e "Quando perderes o gosto humilde da tristeza".[37]

Mas essa "transição" já revela realizações definitivas dentro da modernidade. Se o poeta ainda tinha dúvidas quanto às virtudes estéticas do verso livre, em *O ritmo dissoluto* ele as perde: referindo-se ao poema "Noite morta", diz ele que, "embora em versos livres, o sinto, na forma, bem mais necessariamente inalterável do que os meus poemas de metro cuidadosamente construídos" (*Poesia...*, p. 63). O poeta constata, assim, a forma "mais necessariamente inalterada" de

[35]In: *Poesias completas*. São Paulo: Círculo do Livro, s.d., p. 20.
[36]Uma aprendizagem que vinha de muito longe. Ver, a respeito, o capítulo "Whitman, Rimbaud e Jules Laforgue: poemas sem métrica, 1886". In: Everdell, William R. *Os primeiros modernos — as origens do pensamento do século XX*. Tradução de Cynthia Cortes e Paulo Soares. Rio de Janeiro: Record, 2000, p. 103-125.
[37]Na célebre conferência "O movimento modernista", de 1942, Mário de Andrade se refere a Bandeira dizendo que ele "em 1919 ensaiara os seus primeiros versos-livres, no 'Carnaval'". In: *Aspectos da literatura brasileira*, cit., p. 234.

uma composição em verso livre. Na verdade, vai além: é uma forma *bem mais* necessariamente inalterável do que os seus "poemas de metro cuidadosamente construídos". Enfim, ele *vê*: a plena realização da forma poética não depende necessariamente de aplicação de técnicas tradicionais. Trata-se, sem dúvida, de mais um *alumbramento*.

CAPÍTULO 2

INFLUÊNCIAS E ARTES POÉTICAS

Estes poetas são meus. De todo o orgulho,
de toda a precisão se incorporaram
ao fatal meu lado esquerdo.

Carlos Drummond de Andrade: "Consideração do poema"

As influências literárias que fui recebendo são incontáveis.

"Itinerário de Pasárgada"

Você em poesia nasceu vestido pra inverno lapão. Foi tirando as roupas aos poucos. Hoje você é o poeta nu.

Mário de Andrade: "Cartas a Manuel Bandeira"
(29/07/1928)

2.1 – ARTESANATO E ARTE

Manuel Bandeira jamais fez mistério de suas influências. Pelo contrário: as reconheceu e divulgou com naturalidade. Influências que são "incontáveis" e, explica ele, "sucessivas, não simultâneas", cada uma correspondendo a uma "fase". Nas memórias, recorda-se de "uma fase de Musset, de uma fase Verhaeren... Villon... Eugênio de Castro... Lenau... Heine... Charles Guérin" — e até mesmo (o que ele acha que espantaria um "requintado de hoje") uma fase Sully-Prudhomme. Impressionavam-no menos a obra em conjunto dos poetas do que certos poemas, ou mesmo um ou outro verso, ocorrendo às vezes vir essa "impressão" de um "poeta bem chinfrim" (*Poesia...*, p. 26).

Incontáveis e variadas, tais influências agiram não sobre um simples epígono *fásico* (digamos assim...), mas sobre um poeta em formação. Um poeta que começava a *se experimentar*, por maior que fosse a influência. Cuja voz já está presente desde o primeiro livro — e não apenas, como diz Joaquim-Francisco Coelho (ob. cit., p. 5), a partir de *Libertinagem* (1930). Se examinarmos bem o volume de estréia, *A cinza das horas*, de 1917, já encontraremos sua marca personalíssima no lirismo de "Epígrafe", "Desencanto", "Paisagem noturna", "Ruço", "Versos escritos n'água", "Chama e fumo", "A canção de Maria", "Cartas de meu avô", "Imagem"... Trata-se, mesmo, de uma obra quase totalmente bandeiriana, tirante, aqui e ali, alguns meros exercícios formais — como "A Camões", "A aranha" e "D. Juan". Os primeiros são obra de artista; os demais, apenas esmero artesanal. Não há poeta algum em "A Camões", "A aranha" e "D. Juan" — que são obra de pura aplicação de técnica.[38] Na "Paráfrase de Ronsard" — também criticada por Mário, como veremos, mas que é, mais que

[38]Mário faria restrições a estes e outros poemas, no artigo "Manuel Bandeira", ao criticar *Poesias*. In: *Revista do Brasil*, nº 107, seção "Crônicas". Rio de Janeiro: edição da *Revista de língua portuguesa*, 1924. Ver reação de Bandeira e considerações de Mário no Capítulo 5 deste trabalho.

tradução, uma recriação, como acontecia sempre que Bandeira vertia para o português algum poema —, há, porém, encanto, criatividade, emoção, pois faz ressoar em nós, além da musicalidade dos versos, o apelo do *carpe diem*, ao qual devemos sempre estar atentos: *Cuillez dès ajourdhuy les roses de la vie* — como Ronsard encerra o soneto. Ou, na admirável solução de Bandeira: *Por isso, amai-me... enquanto sois bonita.*

Todo artista tem que ser artesão, mas só com artesanato não se faz arte.[39] Escrevi, há pouco, "obra de artista" e "aplicação técnica". Esclareçamos melhor comparando dois sonetos dedicados, no mesmo livro, a poetas: o já citado "A Camões" e o "A Antônio Nobre", que vem logo a seguir (aquele não tem data, este é de 1916). Leiamos ambos:

A CAMÕES

Quando n' alma pesar de tua raça
A névoa da apagada e vil tristeza,
Busque ela sempre a glória que não passa,
Em teu poema de heroísmo e de beleza.

Gênio purificado na desgraça,
Tu resumiste em ti toda a grandeza:
Poeta e soldado... Em ti brilhou sem jaça
O amor da grande pátria portuguesa.

E enquanto o fero canto ecoar na mente
Da estirpe que em perigos sublimados
Plantou a cruz em cada continente,

Não morrerá sem poetas nem soldados
A língua em que cantaste rudemente
As armas e os barões assinalados.

---

[39] Cf. Andrade, Mário de. "O artista e o artesão". In: *O baile das quatro artes*. São Paulo: Martins/ INL, 1975, p. 9-34.

A ANTÔNIO NOBRE

Tu que penaste tanto e em cujo canto
Há a ingenuidade santa do menino;
Que amaste os choupos, o dobrar do sino,
E cujo pranto faz correr o pranto:

Com que magoado olhar, magoado espanto
Revejo em teu destino o meu destino:
Essa dor de tossir bebendo o ar fino,
A esmorecer e desejando tanto...

Mas tu dormiste em paz como as crianças.
Sorriu a Glória às tuas esperanças
E beijou-te na boca... O lindo som!

Quem me dará o beijo que cobiço?
Foste conde aos vinte anos... Eu, nem isso...
Eu, não terei a Glória... nem fui bom.

No soneto "A Camões" temos um *arquiteto* parnasiano em pleno domínio de suas virtualidades. Um técnico senhor das técnicas — e utilizando-as plenamente, com competência e frieza. Sim, porque é uma construção *a frio*. Embora visando um efeito grandioso (e talvez por isso mesmo), não consegue ir além de retórica — má retórica que esgrime bobagens pomposas como "poema de heroísmo e de beleza", "grande pátria portuguesa" etc. —, ficando bem longe de qualquer emoção poética. Eu ousaria dizer até que mais parece uma composição burocrática para ser lida em homenagem oficial (e burocrática, evidentemente) ao poeta d'*Os lusíadas*. Neste soneto, o artesão (não o poeta) Manuel Bandeira ergue um monumento de não-poesia. O que acontece de forma ainda mais radical em certos textos já citados, como em outros espalhados em sua obra — e que não são socorridos por alusões camonianas, a exemplo do celebérrimo verso com que Bandeira fecha o soneto (efeito em busca do qual talvez tenham sido escritos — e só para tanto — os outros 13 versos da composição...).

O soneto "A Antônio Nobre" — no qual Ivan Junqueira vê influência do simbolismo português (*Testamento...*, p. 50) — já é história bem diferente: aí temos um artista. Aí está presente o poeta Manuel Bandeira, não um simples conhecedor de técnicas. O que se *ouve* não é um louvor engomado — mas uma voz densa de emoção. Antônio Nobre não é uma espécie de estátua gloriosa, mas um homem sofrido que fala intimamente ao *ser* do outro, do que lhe fala. De certa maneira, Manuel Bandeira é *um* Antônio Nobre. Esta identificação, altamente poética, é o que compõe o poema, o que comove o leitor. Num estudo sobre o poeta do *Só* (*Poesia...* p. 1.306-1.321), Bandeira escreve:

> Em "Soneto a Antônio Nobre" disse um dia o nosso Alphonsus de Guimaraens Filho: "Que doce, Antônio, é te chamar irmão!" E Alberto de Serpa abre o seu ensaio *Vida, poesia e males de Antônio Nobre* com estas palavras: "O poeta do *Só* é uma pessoa da minha vida." Posso dizer também: Antônio Nobre é pessoa de minha vida. Gosto de chamá-lo irmão. Irmão em Clavadel.

Em Clavadel estiveram ambos (Antônio em 1895, Manuel entre 1913 e 1914) — e lá ambos receberam, como diz o segundo, a "revelação brutal do nosso verdadeiro estado". Bandeira foi informado da gravidade das suas lesões, mas já se sabia doente. Antônio Nobre, não: só em Clavadel, submetido a exames, soube que estava tuberculoso. Ficou arrasado: pensava que sofria apenas de uma vaga "ameaça" da doença. A qual, na verdade, já ia adiantada, tanto que ainda em Clavadel, onde se demorou menos de dois meses, teve suas primeiras hemoptises.

"Irmão em Clavadel", escreveu Bandeira. Irmão, sim, no *mau destino*. O soneto dedicado a Antônio Nobre é, por isso, carregado de emoção. Comove. Mesmo porque, de certa forma, somos todos Antônio Nobre... Ou seja: somos humanos, carentes, desamparados — e pior: sem a Glória do lusitano. Há, pois, uma profunda *humanidade* aí — o que não ocorre no caso anterior, em que Camões é posto muito longe, muito acima, talhado em versos duros — marmóreos, brônzeos — e destituídos de calor. Nós *sentimos* o Antônio Nobre —

mas apenas podemos *compreender* e *admirar* Camões, esse Camões parnasiano como nunca o foi em vida nem em arte.[40]

Em "Parnasianismo",[41] texto em que critica a *Antologia dos poetas brasileiros da fase parnasiana*, organizada por Manuel Bandeira, Mário de Andrade discorre sobre o "eu sou" e o "eu possuo". O "eu sou" (que corresponderia à experiência, à afirmação pessoal, à emoção), bem presente nos românticos, seria "o fundo mesmo da poesia". A característica mais própria dos parnasianos seria o "eu possuo", isto é, o conhecimento técnico e a técnica. Os românticos, diz ele, fazendo "boa ou má poesia, pouco importa (...), perseveraram sempre dentro desse fundo fugidio e perfeitamente indefinível que sentimos ser a poesia". Embora tenha, por diversas vezes, criticado os descuidos românticos, Mário também lhes apontava as virtudes — como na carta-aberta a Alberto de Oliveira:

> É falso que os nossos poetas anteriores ao Parnasianismo sejam propriamente desleixados. Desleixado é palavra que não tem sentido qualificando os grandes, os que não seguem o aboio dos marroeiros. Porque eles mesmos são marroeiros. E então essa barafunda que é o Hamlet? E o Fausto! E as rimas de Dante e de Camões? São todos desleixados em relação ao Parnasianismo, não tem dúvida, porém muito bonita essa maneira de criticar o passado tomando pra metro de juízo o presente e qualificar os grandes referindo-os a uma norma e não examinando-os em si mesmos! Desleixado Castro Alves! Porque teve a sincera inconsciência de escrever tal e qual falava sem se amolar com a cartilha de Lisboa? Desleixado Gonçalves Dias que escreveu português de itajuba muito puro? Desleixado Cláudio [Cláudio Manuel da Costa], metrificando como o quê? E desleixado Álvares de Azevedo, esse cantador que viveu? E mesmo considerando um poeta menor, Casimiro, como qualificar de desleixada uma forma que antes de ser forma é uma ex-

---

[40] Falo em *sentir* e *compreender* pensando em Mário de Andrade, que, referindo-se a poemas de "arquigelado parnasianismo" de Francisca Júlia, observou: "Dante, como todo poeta, escreveu liricamente a fala de sua Francesca; Francisca Júlia, embora empregue o mesmo processo estilístico, como todos os parnasianos: leciona. Dante: sente-se; Francisca Júlia: compreende-se." Andrade, Mário de. "Mestres do passado". In: Brito, Mário da Silva. Ob. cit., 262.

[41] In: *O empalhador de passarinho*. São Paulo: Martins/INL, 1972, p. 9-13.

pressão verdadeira, muito pura de uma alma coisinha, coitada! A gente pode conceber um Casimiro bem metrificado e com rimas ricas! Que adiantaria isso pra ele? Pra matá-lo como poeta, unicamente e só.[42]

Os parnasianos, por sua vez, embora não de forma absoluta (como Mário já reconhecera em "Mestres do passado"), caracterizaram-se pela "posse de um conhecimento sem experiência", primando pela palavra "escultoricamente concebida". Se os românticos se caracterizaram por muita emoção, forte individualidade, com prejuízo para o domínio técnico, os parnasianos foram excessivamente técnicos, conhecimento este que pecava por falta de real "experiência", ou seja: vivido — e portanto *vívido* — sentimento poético. Esta última condição é o que produz composições como "A Camões" e outras similares, enquanto "A Antônio Nobre" — embora não seja propriamente um soneto romântico — revela a "experiência", a emoção, não apenas rigor técnico, competência intelectual.

Essa "experiência" parece ter sido uma exigência natural em Bandeira. Tanto que certa crítica às vezes tenta minimizar a importância de sua poesia classificando-a como excessivamente subjetiva, "psicológica", magnificante do "eu". Ora, com os graves problemas que teve (vida ameaçada na juventude, grandes limitações, solidão, melancolia, desesperança), queriam que o poeta fosse falar de quê? Sem dúvida suas temáticas foram-se ampliando e diversificando, mas isto à medida que o poeta via tornar-se menos ameaçadora a sombra da morte e ficava, com a idade, mais filosoficamente conformado e atento ao mundo exterior, de que aos poucos foi também participando, o que de início lhe fora vedado. Claro que muitas vezes, como vimos, se limita a exercitar técnicas, mas a sua poesia propriamente dita é toda fundada na "experiência" — e buscando expressá-la. José Aderaldo Castello faz uma síntese da arte bandeiriana que vale a pena transcrever:

> Poesia carregadamente individualista, pelo seu sentimento autobiográfico na dependência da memória, do temperamento, do sofrimento

[42]*Estética*, a. 1, n. 3. Rio de Janeiro, abril/junho, 1925, p. 332-339. *Apud* Lopez, Telê Porto Ancona. "Carta aberta a Alberto de Oliveira — Resposta a Mário de Andrade". In: *Revista do Instituto Nacional do Livro*, n. 23, 1981, p. 96-100.

físico, da emoção mais íntima, mesmo quando aborda temas sociais ou retrata amigos, ela é uma constante autodefinição essencialmente subjetiva, às vezes espontaneamente confidencial, às vezes exaltada, quase artificial e virtuosa, quando não ostenta a intenção antilírica dos modernistas. Mas é sempre uma experiência individual comunicativa em que o instrumento de expressão se apresenta com seu valor incontestável, de acentuado interesse histórico. Revelam-se francos, claros, sua sensibilidade, seu temperamento, sua formação e sua experiência de vida quase monótona nos limites fechados do sentimento e da ansiedade, frustrados.[43]

É a poesia que, como já foi dito aqui, remete ao poeta, ao homem, à experiência humana, mesmo quando aborda temas sociais ou outros aparentemente exteriores. A poesia sempre teve que ser, para ele, verdadeira, da *verdade* do poeta. Relembrando o jovem Manuel Bandeira, aluno do Colégio Pedro II, Francisco de Assis Barbosa conta um episódio expressivo: um dos meninos, Lucilo Bueno, publicou um livro, intitulado *Pallium*, que extravasava tristeza, celebrando "a dor misteriosa e santa" que assaltava o poeta — o que provocou a desaprovação de Bandeira. Para ele, que era amigo do autor, tudo não passava de "atitude literária". Quer dizer: pura influência dos poetas que eram lidos e admirados. A reação bandeiriana veio também em versos, num soneto que acabava assim:

> Mas quando um moço acusa a garra adunca
> De uma dor cruciante que lhe atrista
> A vida e a chora em versos de missal:
>
> Não, eu não creio que ele chore, nunca!
> Um coração criança sempre avista
> A rósea aurora de um sonhado ideal (*Homenagem...*, 86-88, p. 211).

---

[43]Castello, José Aderaldo. "Aspectos da poesia de Manuel Bandeira". In: *Homenagem a Manuel Bandeira (1986-1988)*, p. 331-332. Para Bandeira, poesia tinha que ser *de profundidade*. Em 1939, criticando uma poetisa, ele dizia que ela não produzia boa poesia porque "ainda não descera ao fundo de si mesma", pois "lá no fundo da gente é que está a melhor poesia". *Andorinha, andorinha*. Seleção e coordenação de textos de Carlos Drummond de Andrade. Rio de Janeiro: José Olympio, 1966, p. 188-189.

Quer dizer: a poesia do seu colega não correspondia ao autor, era apenas produto de "atitude literária", de imitação do que era feito na época, destituída de "experiência". Portanto, pura adoção de moda e aplicação de técnica. O que tornava o autor... inconvincente.

Voltando à crítica que costuma questionar a importância da poesia de Bandeira, a qual seria "menor" exatamente pelo seu dominante subjetivismo, seria indispensável lembrar o texto "Manuel Bandeira:.a fonte de todos", de José Guilherme Merquior, publicado originalmente no *Jornal do Brasil* (20/4/1986) e recolhido ao aqui citado volume *Homenagem a Manuel Bandeira, 1986-1988* (p. 357-360). Ao invés de menosprezar o subjetivismo bandeiriano, o que Merquior faz é exatamente revelar-lhe a importância, a grandeza, até mesmo sua face inovadora. Segundo ele, foi Bandeira "a primeira voz autenticamente pessoal do verso brasileiro", a "nossa primeira face lírica rigorosamente subjetiva".

Isto é dizer muito, mostrar uma compreensão maior. Merquior continua:

> Vários de seus predecessores haviam sido acentuadamente pessoais; mas pessoais na sua arte, como Cruz e Sousa ou Augusto dos Anjos, não pela representação dos recessos de um "coração desnudado". Historicamente, foi com o desnudamento de Bandeira que a musa da confidência ingressou em cheio em nossa poesia.

"Musa da confidência"... Merquior percebe com exemplar sensibilidade a essência da obra bandeiriana. E prossegue, ampliando a visão, mostrando o grande papel que essa "musa da confidência" desempenhou também no engrandecimento geral da nossa poesia moderna:

> Vai nisso uma certa ironia, pois a poesia-confissão passa por ser a marca do Romantismo, não do Modernismo. Os dois maiores originadores do elemento moderno em poesia, Mallarmé e Rimbaud, embora donos de técnicas extremamente pessoais, não eram de modo algum poetas da subjetividade individualizada. Nisso, porém, os autores da *Lira dos cinquent'anos*, do *Fazendeiro do ar* ou de *Remate de males* — Bandeira, Drummond, Mário — foram menos modernistas que modernos

românticos — e não serei eu quem me queixe. Com eles (e com Cecília Meireles, A.F. Schmidt, Cassiano Ricardo, e alguns outros de semelhante quilate) é que a nossa poesia maior se entrega à exploração da personalidade, e não apenas da paixão.

Modernos românticos... Mário de Andrade já se referia, em 1931 (*Aspectos...*, p. 31), ao "neo-neo-romantismo dos contemporâneos". Quanto à "exploração da personalidade", esta é a grande diferença entre os românticos e os modernos: os primeiros expressavam sua paixão, ou suas paixões, enquanto os outros iam além da confidência meramente emocional — praticando essa lírica "exploração". Merquior prossegue em sua análise:

> Gonçalves Dias, que Bandeira editou e tão justamente admirava, era um soberbo cantor da paixão; Castro Alves era outro (de outras paixões); e até o Parnasianismo de Bilac estava encharcado de passionalidade. Entretanto só os modernos, que geralmente repudiavam o patético, souberam individualizar as feições do sentimento; só eles foram, nesse sentido, nossos primeiros líricos autenticamente subjetivos. E tudo isso, que veio enriquecer tanto o rosto humano de nossa literatura, começa na obra despretensiosa de Manuel Bandeira.

Este texto deixa clara a diferença entre "atitude literária" e sensibilidade poética. A "atitude", aqui, não é mais a do jovem colega de Bandeira — mas a dos críticos que teimam em apontar o subjetivismo como uma manifestação menor. E a vítima escolhida é sempre Manuel Bandeira, enquanto outros — sobretudo Carlos Drummond de Andrade — são poupados.[44] Ora, segundo Merquior, todos eles, os nossos maiores, são "autenticamente subjetivos". E mais: são devedores de Bandeira — a *fonte* onde foram beber todos aqueles cujas obras vieram a enriquecer o "rosto humano de nossa literatura".

Assim, digamos adeus, de uma vez por todas, aos críticos que pensam não passar a arte de truques, "estratégias", máscaras — e recuam escandalizados

[44]Não por Mário de Andrade — que, após crítica a Manuel Bandeira, refere-se a Drummond como "dum individualismo também exacerbado" (*Aspectos...*, p. 32).

quando deparam com um poeta capaz de, como os nossos maiores, "individualizar as feições do sentimento". Críticos que não são capazes de — para recordarmos as palavras de Harold Bloom — ler sentimentos humanos, descritos em linguagem humana, como seres humanos.

Na verdade, embora tenha feito a afirmação há pouco citada (Bandeira só apareceria autenticamente a partir de *Libertinagem*), Joaquim-Francisco Coelho diz, logo adiante, que — dentro dos "esquemas e tendências" da época (dominantemente Parnasianismo e Simbolismo), já "sobressai de vez em quando a ainda tímida (mas já tangível) originalidade de Bandeira". Bastante *tangível*, digo eu. O poeta estava presente e bem perceptível sob as roupagens da época.

A "Paráfrase de Ronsard" — belo exemplo da excelência de Bandeira como *recriador* e construtor de poemas — mereceu comentário de Mário de Andrade, que sempre exigia que o poema fosse muito mais do que mera aplicação de técnicas, não podendo também ser apenas registro lírico destituído do trabalho técnico, do artesanato. A respeito desses "extremos" escreveu ele a Bandeira. Primeiro, comentando a "Paráfrase..."

> Gênero falso de fazer versos e não fazer poesia. É poetice e não lirismo. O erro fundamental, o erro está em fazer paráfrases. Daí os outros erros circunstantes, o buscar expressões que não são tuas, de poetas antigos e palacianos (carta de 29 de dezembro de 1924).

Depois, em carta de 7 de maio de 1925:

> "Não sei dançar" é bem das tais poesias que não são poesia, são lirismo. São pinceladas deliciosas todas, porém eu hoje já estou querendo mais poesia, você sabe.

No primeiro caso, construção sem lirismo. No segundo, lirismo sem construção, não mais do que "pinceladas deliciosas". Analisando alguns poemas de Bandeira, Otto Maria Carpeaux escreveu: "Antes espécie de estado poético do que poesia." Fazendo, a seguir, uma espécie de *mea culpa*:

> Mas poderia haver maior injustiça contra Manuel Bandeira cuja arte consiste justamente em estruturar sua emoção? Devemos a Manuel Bandeira o esforço de estruturar, por nossa vez, aquelas nossas emoções desordenadas, impondo-se-lhes aquela mesma ordem secreta que transforma em estrutura coerente o volume inteiro das *Fleurs du mal* ou dos *Canti* de Leopardi ou então, num plano diferente, aquelas grandes obras líricas que são as tragédias gregas.[45]

Bandeira reagia às colocações de Mário com serenidade. Em sua resenha sobre *Losango cáqui*, escreveu:

> Em prefácio nega o autor aos seus versos o nome de poema. Faltam-lhes, alega, o que ele chama a intenção de poema, coisa construída, peça inteira, fechada, com princípio, meio e fim. (...) A mim confesso que o lirismo basta. Admiro um poema bem construído, mas o que me faz amá-lo é o lirismo que nele haja. A Mário não basta. A poesia pra ele tem que ir além.[46]

Quanto à crítica de Mário à "Paráfrase de Ronsard", convém lembrar que Bandeira procurava fazer, em lugar de tradução, paráfrases, como, por exemplo, no caso citado e nos sonetos de Elizabeth Barrett Browning, pois considerava a paráfrase "a única forma viva de tradução". Ele argumentava que se a tradução consegue "pela ciência do verso e da língua acompanhar à letra o pensamento original, quase sempre o faz com sacrifício do sentimento e dos elementos emotivos imponderáveis do ritmo", enquanto na paráfrase "o tradutor recria, tomando do autor a parte mais profunda e mais humana da sua experiência, podendo para o resto servir-se dos dados pessoais próprios" (*Andori-*

[45]Carpeaux, Otto Maria. *Bandeira*. In: *Ensaios reunidos — 1942/1978*, v. I. Rio de Janeiro: UniverCidade/Topbooks, 1999, p. 663.

[46]In: *Revista do Brasil*, 30/09/1926. Texto republicado in: *Poesia sempre* nº 8. Rio de Janeiro: Fundação Biblioteca Nacional/Ministério da Cultura/Departamento Nacional do Livro, junho de 1997, p. 325-327. Sobre os conceitos de poesia e lirismo em Mário de Andrade, ver Espinheira Filho, Ruy. *Tumulto de amor e outros tumultos — criação e arte em Mário de Andrade*. Rio de Janeiro: Record, 2001, p. 177-206.

nha..., p. 265). Abgar Renault escreveu importante ensaio sobre essas traduções de Elizabeth Barrett Browning, considerando-as

> modelares, fluidas, justas e musicais, no estilo, na linguagem, na técnica, [nas quais] o sentido linear cedeu sempre o passo ao sentido de profundidade, e tudo — até o que é apenas sugerido, ou está dito diluidamente, incorporeamente, sem palavras, isto é, até a parte feita de silêncio — logrou achar, em nossa língua, forma, expressão, equivalente rítmico e plástico (*Homenagem...*, 1936, p. 31-32).

Em *Itinerário de Pasárgada*, Manuel Bandeira cita (*Poesia...*, p. 99) trecho do artigo de Renault — mas o cita para contestar o "louvor tão lisonjeiro". O trecho é o seguinte:

> Seria injusto, porém, atribuir exclusivamente ao poeta todo esse êxito. Boa parte deve ser lançada ao crédito dos seus conhecimentos da língua em que foram escritos os *Sonnets from the Portuguese*. Há sutilezas, "shades of meaning", "idioms" e outras dificuldades de natureza puramente gramatical ou lingüística, que a simples intuição poética não resolveria absolutamente e que estavam a exigir uma longa, íntima familiaridade com os fatos e coisas da língua inglesa, etc.

Ao que Bandeira responde:

> Gostaria que fosse verdade o louvor tão lisonjeiro (...) Mas devo confessar que sou bastante fundo no inglês. Fundo no sentido que a palavra tem na gíria. Todas aquelas soluções julgadas tão felizes pelo crítico, por mais cavadas ou sutis que pareçam, devem se ter processado no subconsciente, porque as traduções me saíram quase ao correr do lápis. Antes, houve, sim, o que costumo fazer sempre quando traduzo: deixar o poema como que flutuar por algum tempo dentro do meu espírito, à espera de certos pontos de fixação. Aliás só traduzo bem os poemas que gostaria de ter feito, isto é, os que exprimem coisas que já estavam em mim, mas informuladas. Os meus "achados", em traduções como em originais, resultam sempre de intuições (p. 99-100).

Segundo José Paulo Paes, esta confissão de Bandeira nos dá "um vislumbre da sua oficina de tradutor de poesia, a qual não diferia substancialmente da sua oficina de poeta", pois

> numa e noutra, era a intuição criadora, a máquina secreta da subconsciência quem fornecia a matéria-prima para as elaborações da lucidez artesanal. Tanto assim que confessa só ser capaz de traduzir bem "os poemas que gostaria de ter feito", de poetas afins de seu temperamento.[47]

Paes revela, no mesmo texto, que poucas vezes Bandeira pôde recriar "os poemas que gostaria de ter feito". No início, foi tradutor de telegramas da United Press. Depois traduziu, para a editora Civilização Brasileira, um tratado de moléstias hepáticas. Para a mesma editora, traduziu ainda cerca de 15 volumes de temas variados, desde obras de divulgação científica a romances de aventuras, entre os quais *O tesouro de Tarzan*, de Edgar Rice Burroughs. Paes destaca, dessa fase, a "bela versão" de *A vida de Shelley*, de André Maurois.

Mesmo quanto às versões que reuniu em volume, observa Paes que não correspondem aos poemas que Bandeira "gostaria de ter feito", pois estão longe de ser, em sua imensa maioria, poemas "a que ele se tivesse particularmente afeiçoado, com os quais tivesse convivido longo tempo, como os dos poetas que, numa ou noutra época, exerceram influência sobre ele" (p. 64). O próprio Bandeira, prossegue Paes, diz, numa *advertência* anteposta à primeira edição dos *Poemas traduzidos*, que a maioria das traduções apresentadas não as fizera ele "em virtude de nenhuma necessidade de expressão própria", mas por dever de ofício, "como colaborador do *Pensamento da América*, suplemento mensal d'*A Manhã*, ou para atender à solicitação de um amigo" (ib.). Tais circunstâncias o fizeram traduzir preferencialmente do espanhol, para colaboração no suplemento — e também, ou principalmente, por ter sido professor de literatura hispano-americana na época.

Fosse como fosse, embora chegasse a dizer (*Poesia...*, p. 78) que poesia é "coisa intraduzível", Bandeira se fez um dos nossos maiores tradutores. Em carta a

[47]Paes, José Paulo. "Bandeira tradutor ou o esquizofrênico incompleto". In: *Tradução: a ponte necessária*. São Paulo: Ática/Secretaria de Estado da Cultura, 1990, p. 55-66.

Alphonsus de Guimaraens Filho (*Itinerários*, p. 96), dá uma lição, tão simples quanto profunda, da sua arte:

> (...) sempre que você quiser traduzir um poema, faça um estudo preliminar no sentido de apurar o que é essencial nele e o que foi introduzido por exigência técnica, sobretudo de rima e métrica. Isto feito, se aparecerem dificuldades que digam respeito ao último elemento (o que não é essencial e pode ser alijado), resolva-as alijando o supérfluo, mesmo que seja bonito.

O poeta Bandeira, de poesia extremamente despojada — as "mãos mais lindas sem anéis" a que já vimos referir-se Sousa da Silveira — não poderia mesmo dar outro conselho. Não tradução — mas recriação poética. Noutras palavras: criação a partir da criação.

Bandeira diz amar o poema pelo lirismo que encerra — mas o fascínio pela *arquitetura* não o abandona. Ao tempo em que faz crítica ao parnasianismo, conserva certas sobrevivências plenamente descartáveis. Falando de *Carnaval*, escreve:

> É um livro sem unidade. Sob o pretexto de que no carnaval todas as fantasias se permitem, admiti na coletânea uns fundos de gaveta, três ou quatro sonetos que não passam de pastiches parnasianos ("A ceia", "Menipo", "A morte de Pã" e mesmo "Verdes mares", que este até o Pedro Dantas, meu fã nº 1, considera imprestável), e isto ao lado das alfinetadas dos "Sapos".

Em entrevista a Paulo Mendes Campos, diz se arrepender de ter incluído em *Carnaval* os tais sonetos, os quais datam do tempo do seu primeiro livro. E acrescenta: "Acho que deveria ter começado por um livro intitulado apenas *Poesias*, composto de duas partes — *Pastiches parnasianos* ("A ceia", "Menipo", "A morte de Pã" e outras coisas assim) e *A cinza das horas*."[48] Em carta a Mário de Andrade (30/11/1932), comunica um projeto:

---

[48]In: Brayner, Sônia (org.). *Manuel Bandeira*. Rio de Janeiro: Civilização Brasileira/INL-MEC. Col. Fortuna Crítica, 5, 1980, p. 85-86.

> O Schmidt fala em fazer nova edição com acréscimo de *Libertinagem* e de uma meia dúzia de coisas novas. Ora, eu estou pensando em remodelar a distribuição da matéria, atendendo a restituir à *Cinza das horas* e ao *Carnaval* a unidade com que os senti (*Cinza das horas — soi disant*, convalescença; *Carnaval* — dor de corno, desagregação e pesquisa). Para isso poder-se-ia destacar os sonetos a "Camões", "A aranha", "Don Juan", "Mancha", "Ronsard", "Ceia", "Menipo",[49] "Morte de Pã", os rondós "Volta", "Madrugada", "Anel de vidro", "Do que dissestes", e os rimancetes "Solau do desamado" e o de *Carnaval* sob o título "Sonetos, rondós e rimancetes". Suprimir o soneto "Verdes mares" (Prudente acha escroto), o das "Bandeiras" e o poema "Desesperança"; na "Elegia para minha mãe" suprimir a 5ª e a 6ª estâncias.

Mário responde dizendo que acha melhor que sejam retirados definitivamente "esses sonetos indiscretos". E argumenta:

> Repare que talvez eles também pertençam um bocado àquele "ruim esquisito" que você inventou com tanta felicidade. Não são ruins propriamente mas também já não são mais o Parnasianismo grande. Está claro: o indivíduo sendo poeta de verdade, escreve por qualquer estética e a poesia sempre interessa. É o caso de você. Porém você já não possuía mais e nem podia conquistar, aquela burrice essencial de sensibilidade (não, ausência de, burrice) que permitiu maravilhosas perfeições sonoras a Francisca Júlia, Heredia, Cassiano Ricardo, Alberto de Oliveira, Bilac. Os sonetos parnasianos de você causam um certo mal-estar, que não é procurado, que independe da sua vontade. E creio que até pra você mesmo causam, senão a dúvida não existia.

Para Mário, retirar os sonetos não seria "renegar coisa nenhuma", apenas deixar no passado o que não era uma "verdade essencial e permanente" da perso-

[49] "Menipo" parece ser uma das obras parnasianas mais antigas de Bandeira. Em 23 de setembro de 1905, em carta a Antenor Nascentes, ele escreve: "Você ainda se lembra daquele quadro admirável de Velásquez — o Menippo — da coleção do Museu do Prado? (...) Pois eu tive uma impressão profunda dessa figura em que há um sorriso de desdém supremo, um sorriso que é uma obra-prima. (...) Quis fazer um soneto (...)". "Epistolário". (*Poesia...*, p. 1.380). Bandeira continuou burilando o soneto, pois o "Menipo" de *Carnaval* é datado de 1907.

nalidade de Bandeira. Ele jamais conseguira aceitar aquelas composições. Veremos, no Capítulo 5, o desentendimento causado entre ele e o amigo por causa da crítica "Manuel Bandeira" — ao volume *Poesias*, de 1924 —, na qual Mário ataca duramente os sonetos e outros textos. Fala, particularmente, da "ruindade geral" dos alexandrinos bandeirianos (*M & M*, p. 168). Aliás, sobre o aprendizado do alexandrino, o poeta escreve ao tio Raymundo Bandeira, em 19 de janeiro de 1910:

> À primeira vista todo o mundo vê logo que eu não aprendi a fazer o alexandrino nos clássicos.
>
> O alexandrino clássico não me satisfaz. Ao cabo de algum tempo tenho sempre a impressão de monotonia, até em Racine, que é o mais perfeito dos versificadores da escola. Só Molière — no alexandrino cômico — me agrada sem restrições. E ele, com Musset, Rostand e Haracourt são, a respeito, os meus modelos. Como o alex. depois de Corneille mudou de feição e feitio! V. Hugo foi o primeiro a *desarticulá-lo*. Vieram depois os parnasianos, vieram os simbolistas, e veio esse espantoso Richepin que chega à insolência no seu desprezo do velho ritmo, e que às vezes me encontra também em deficiência de *training*... Quantos ritmos novos, quantos desenhos imprevistos! O alexandrino hoje é mais rico, mais dúctil, mais acerado, diz tudo, do hipersublime ao ultrapulha!

Ao fim, humildemente, e mais uma vez pondo em dúvida o seu talento poético, ele escreve, referindo-se às dificuldades que o tio encontrara em seus alexandrinos:

> Concordo que é de leitura muito difícil e talvez só os leia bem quem os saiba fazer. Mas não foi por falta de *training* que o sr. não descobriu as belezas dos meus. É que de fato, então, não as havia. Eu mesmo não tenho confiança na minha vocação, e só faço versos para me dar a ilusão de que não sou um tipo completamente ocioso...

Voltando ao diálogo anterior: na carta de 30 de dezembro, Bandeira comunica a Mário que resolveu publicar *Poemas escolhidos*, para cuja seleção pede-lhe ajuda. E acrescenta: "Pensei no que você me escreveu mas convém ser mais radical: não é só parnasianismo que não presta: é também simbolismo e modernismo."

Os sonetos que Bandeira enumerara são mesmo, como diz, "pastiches parnasianos" — e se, em "A Camões", ele parece ter escrito tudo só para pôr no final, aureamente, como observamos, o verso inaugural d'*Os lusíadas*, em "Verdes mares" a impressão que fica é de que tudo foi mesmo construído para o fecho "espirituoso":

> Esmalta ao fundo a costa a verdura de um parque,
> E enquanto a grita aumenta em berros e assobios
> Rudes, na confusão brutal do desembarque:
>
> Fitando a vastidão magnífica do mar,
> Que ressalta e reluz: — "Verdes mares bravios..."
> Cita um sujeito que jamais leu Alencar.

Pedro Dantas [Prudente de Moraes, neto], que considerava o soneto ruim (ou "escroto", como escreveu Bandeira), tinha absoluta razão.

Mas "Verdes mares" mereceu pelo menos uma defesa: a de Sânzio de Azevedo, professor da Universidade Federal do Ceará, no artigo "Um poema cearense de Manuel Bandeira", publicado na *Revista de Letras*, Fortaleza, UFC, vol. 1, nº 2, 1978, posteriormente incluído no volume de homenagem ao centenário do poeta (p. 519-525). Sânzio de Azevedo começa a abordar o soneto citando texto de Giovanni Pontiero — "O Carnaval de Manuel Bandeira" — em *O Estudo de S. Paulo* (26 de março de 1972, supl. lit., p. 5), no qual se lê que, na composição, o poeta "revive um mundo inteiramente diverso, buscando recapturar a sensibilidade típica do Romantismo e sua veneração pela natureza". Posto este julgamento, Azevedo prossegue afirmando que se trata de poema bem diferente dos parnasianos de *Carnaval* ("A Ceia", "Menipo", etc.), pois não se trata da "descrição fria de uma cena passada na Antigüidade Clássica (...) mas de uma experiência pessoal, realmente vivida e sentida pelo autor" (*Homenagem...* 86-88, p. 521). No entanto, embora houvesse citado Pontiero, Azevedo não concorda com sua "veneração romântica da natureza", preferindo situar o poema no Neoparnasianismo, devido sobretudo à sua construção em "versos alexandrinos trabalhados".

A afirmação de Pontiero é, de fato, inteiramente descabida. Não há, aí, nada da "sensibilidade típica do Romantismo" — e a tal "veneração pela natureza" só muito a custo poderia ser divisada em fragmentos como "ondas", "sol" que faz chispar a "areia doirada", "águas", "costa", "verdura de um parque", "vastidão magnífica do mar" e as célebres palavras de Alencar. Tudo muito pobre e esfarrapado demais para qualquer alma realmente romântica... Mas, se rejeita os excessos de Pontiero, Azevedo não deixa de se sensibilizar com o soneto:

> Se não se trata de um poema de primeira grandeza na obra poética de Manuel Bandeira, o soneto "Verdes mares" representa uma nota de sinceridade descritiva e de depoimento pessoal entre a mitologia e os quadros históricos de sua primeira fase (id., p. 524).

Há aqui, mesmo, alguma razão: "Verdes mares" está muito mais próximo de nós e da vida do que os parnasianos que Bandeira cita e incluiu no *Carnaval*. E Azevedo também nos passa informações sobre o poema: foi escrito no Ceará, em 1908, quando o poeta lá esteve em busca de melhores climas em Maranguape e Quixeramobim, sendo inicialmente publicado, ainda em 1908, num jornal de Fortaleza (do qual não é revelado o nome), sob o título "A descer...". Até a forma que hoje está na obra bandeiriana, passou por inúmeras alterações, as quais são minuciosamente examinadas por Azevedo (id., p. 522-524).

A prática parnasiana é sempre recorrente em quase toda a obra de Manuel Bandeira.[50] Um dos piores exemplos é o soneto "Sua Santidade Paulo VI" (*Estrela...*, p. 70), obra encomendada, como conta o poeta em carta — de 17 de julho de 1964 — a Alphonsus de Guimaraens Filho:

> (...) voltando para casa às 11 da noite, encontrei um envelope com advertência "urgente". Era nada menos que um convite do Cardeal para eu escrever um poema sobre Paulo Sexto para uma festa no Municipal em honra de Sua Santidade. Ainda se fosse João XXIII (por quem eu tinha uma certa ternura especial)! Vou dizer a D. Jaime que não posso fazer. Despi-me, tratei de dormir, mas quem diz que conseguia! Então decidi escrever um soneto para dormir sossegado (*Itinerários*, p. 134).

[50]Em *Testamento de Pasárgada*, como vimos, diz Ivan Junqueira que a "decantada influência parnasiana" de Bandeira lhe parece "sem qualquer importância" (p. 49). A meu ver, o conhecimento técnico foi importante, sim. Os parnasianos são grandes mestres de artesanato — e, aluno excepcional, Bandeira não resistiu à tentação de às vezes voltar a exercer suas altas qualidades de mestre-artesão.

O "convite" de Dom Jaime de Barros Câmara acabou provocando um monumento de não-poesia certamente mais pesado e opaco do que o "A Camões":

SUA SANTIDADE PAULO VI

Quando em torno de nós raiva o funesto
Desvairo, e na infernal perplexidade
Erramos o caminho da verdade
Nos Santos Evangelhos manifesto,

Baixem as luzes do divino Texto
Pela boca de Vossa Santidade
Para reconduzir a cristandade
Ao aprisco do Pai, ó Paulo VI!

Nest' hora em que de cada continente
Vêm mil gemidos, e incessantemente
Em sangue humano o duro chão se empapa,

Falai, falai, que ouvir a vossa isenta
Palavra é ouvir em meio da tormenta
A voz de Deus na voz de um grande Papa.

Por encomenda, e sobre um papa que não era especialmente admirado pelo poeta... Não poderia deixar de ser apenas aplicação de técnicas, sem nada do "eu sou", por mais que o autor fosse, como era, homem de sentimentos religiosos. Técnicas que, além do peso e da opacidade já referidos, acabaram por produzir horrores — como a rima *empapa/Papa*...

Tendo começado como parnasiano aplicado, embora rebelde, Bandeira jamais se livraria inteiramente dos fantasmas do parnasianismo, que continuariam a assombrá-lo pelo resto da vida, mesmo vindo a ser a sua poesia, como afirma Ivan Junqueira, "a mais moderna de quantas se produziram entre nós neste século" (*Testamento...*, p. 13). "Sua Santidade Paulo VI" é, como vimos, um poema parnasiano, de toda a *pobreza* parnasiana — e composto quando o poeta estava com 78 anos! E, entre as composições de "À maneira de..." (*Estrela...*,

p. 375), há outro soneto, à maneira de Alberto de Oliveira, que certamente se nivela ao que o parnasianismo já produziu de pior. Só perdendo para o "Soneto parnasiano e acróstico em louvor de Helena Oliveira", que se encontra em *Mafuá do malungo*. Além de parnasiano, acróstico...

Historiador, crítico e ensaísta da literatura, Bandeira conhecia bem as características das escolas literárias. Em seu prefácio à *Antologia dos poetas brasileiros: fase parnasiana*, aborda com lucidez o fenômeno do Parnasianismo, suas diferenças do romantismo, seu *processus* geral. Vale a pena transcrever este trecho particularmente elucidativo:

> Como caracterizar a poesia dos nossos parnasianos? Será fácil discerni-la nos poemas escritos em alexandrinos. Mas nos outros metros tradicionais na língua portuguesa, e sobretudo nos decassílabos, o que separa um parnasiano de um romântico aproxima-o dos clássicos. Quanto ao fundo mesmo, a diferença dos parnasianos em relação aos românticos está na ausência não do sentimentalismo, que sentimentalismo, entendido como afetação de sentimentos, também existiu nos parnasianos, mas de uma certa meiguice dengosa e chorona, bem brasileira aliás, e tão indiscretamente sensível no lirismo amoroso dos românticos. Esse tom desapareceu completamente nos parnasianos, cedendo lugar a uma concepção mais realista entre os dois sexos. O lirismo amoroso dos parnasianos foi de resto condicionado pelas transformações sociais. Com a extinção da escravidão, acabou-se também em breve o tipo da "sinhá", que era a musa inspiradora do lirismo romântico, e a moça brasileira foi perdendo rapidamente as características adquiridas em três séculos e meio de civilização patriarcal (*Poesia...*, p. 930-931).

Bandeira destaca, ainda, nos parnasianos, a rígida disciplina de sobriedade; a rejeição às expressões de sentido vagamente encantatório e ao hermetismo (como o de um Mallarmé); e ainda a postura "de conformismo às gramáticas portuguesas", a fidelidade à sinalefa e a prática quase sistemática da sinérese, o que fez com que os textos ganhassem em firmeza mas perdessem em fluidez. A *impassibilidade* resultante de tais comportamentos, diz Bandeira, tornou certos poetas — como Alberto de Oliveira e Bilac — menos artistas do que outros, como Raimundo Correia e Vicente de Carvalho. Concordando, assim, parcialmente, com Mário de Andrade, que escrevera ser Vicente de Carvalho o melhor poeta entre os parnasianos — pelo fato de ser *menos* parnasiano.[51]

Em crítica que dedicou — em 2 de setembro de 1938 — a essa antologia, Mário disse que Bandeira preferiu "trair" o parnasianismo para não "trair os poetas verdadeiros, nem a verdadeira poesia". Isto é: em lugar de revelar a escola "em seus caracteres mais típicos", escolheu da produção o que havia "de mais fluido, de mais delicadamente evasivo e interior".[52] Ou seja: o que havia de menos parnasiano nos parnasianos. Ao fim da crítica, porém, Mário mostra mais uma vez sua *amplidão* de leitor, a sua aversão às limitações (pois, como já dissera em "Mestres do passado", só "a visão estreita, a escravização ignóbil dos que se ilharam numa escola permite a ignorância infecunda dos que têm uma alma só, paupérrima e impiedosa"), confessando que, ao chegar às últimas páginas do livro, sentiu "algumas saudades do parnasianismo", porque:

> A escultura de palavras também tem suas belezas. A solaridade, a luz crua, a nitidez das sombras curtas de certos verbalismos enfunados, pelo próprio afastamento em que estão da verdadeira poesia, têm seu sabor especial, pecaminoso...

Mas ele não se atreverá a retomar esses poetas para uma releitura, pois tem medo de ser obrigado a "modificar admirações antigas" e dar inteira razão ao autor da antologia. Em outras palavras, quer continuar também amando os parnasianos — por mais parnasianos que sejam...

Dificilmente poderia essa "traição" de Bandeira (preferência pelos textos *menos parnasianos* — o que valeria dizer *mais românticos*...), apontada por Mário, acontecer antes, pelo menos até 1912, pois o futuro autor de "Os sapos" via, por essa época, a *firmeza* parnasiana com bem mais simpatia. Em "Uma questão de métrica",[53] ele louvava os parnasianos pela assimilação dos processos poéticos dos mestres franceses, enquanto considerava os românticos "lamentáveis" por não se terem apropriado das "novidades de rima e ritmos", não

---

[51]Cf. Andrade, Mário de. "Mestres do passado". In: Brito, Mário da Silva, ob. cit., p. 295-303.
[52]In: *O empalhador de passarinho*, p. 12.
[53]Publicado em *O Imparcial*, Rio de Janeiro, 25 de dezembro de 1912. In: *Poesia...*, p. 899-905.

se dando ao "esforço" de rimar os primeiros e terceiros versos das quadras, o que só mais tarde Teixeira de Melo e Machado de Assis "vieram a fazer regularmente". E, após discorrer a respeito do alexandrino, de dímetros e trímetros, subacentos e cesuras, entre outras coisas, encerra o texto de maneira cáustica:

> Essas notas que aí ficam têm por fim chamar a atenção dos nossos intelectuais para essas questões do ritmo em poesia. É preciso esclarecer e educar o público na compreensão dos novos ritmos. Será talvez difícil numa terra em que os ouvidos se afeiçoaram à cantilena infinitamente meiga e saudosa, mas pobre, dos sabiás... (*Poesia...*, p. 905).

Vamos, agora, às primeiras linhas do texto. Se ele é quase inteiramente sério, sisudo, não nos dando motivos para sorrisos, sua abertura se tornou — depois, é claro, dos acontecimentos que vieram a mudar radicalmente a poesia brasileira uns poucos anos após sua publicação — especialmente engraçada. Eis como principiou Bandeira a sua circunspecta lição:

> É coisa muito sabida a influência que sobre as letras brasileiras exercem as francesas. Toda escola nova que aparece à beira do Sena, logo aqui acha os seus entusiastas, os seus imitadores, ou, na melhor hipótese, os seus adaptadores. Causa até estranheza *que não tenham ainda estourado por cá os futuristas...*

O grifo é nosso — mas as reticências são do próprio Bandeira.

Ele conclui assim o parágrafo: "A nossa literatura é apenas um reflexo." Reflexo, entre outros, do parnasianismo francês, sim, pois nossos parnasianos quase que se limitaram a imitar. As vanguardas subseqüentes, porém, com imenso destaque para o Futurismo (que entre nós inspiraria o Modernismo), já não produziram um mero reflexo — porque o Brasil, partindo de tais influências, construiu uma poesia com características próprias, seguindo as lições dos primeiros modernistas — especialmente Mário de Andrade —, que pregaram a pesquisa, a experimentação, o exercício rigoroso do "eu possuo" (conhecimento técnico e técnica) sem prejuízo do "eu sou" (a experiência, a afirmação pessoal, a emoção, aquilo que Mário de Andrade denominou, na crítica que já vimos, "o fundo mesmo da poesia").

Bandeira foi-se tornando, com o tempo, cada vez mais crítico da rigidez de certas exigências formais. Cinco anos depois de "Uma questão de métrica", publicou ele (*Correio de Minas*, Juiz de Fora, 30 de junho de 1917) o artigo "À margem dos poetas", no qual defendia, criticando um livro de Mário Mendes Campos, o uso do hiato. Tendo sido este autor acusado de desconhecer a sinérese, Bandeira o defende, justificando o hiato que deflagrara a acusação. Observando que o que se poderá dizer é que a sinérese "dá mais nervo e rijeza ao verso", afirma ser a tentativa de torná-la obrigatória "puro arbítrio de sistematizadores apressados ou de estreito sentimento rítmico". E completa: "Acima dessas mesquinhas regras de pedagogo estão as amplas e misteriosas leis do ritmo, como o sabem em sua divina intuição os poetas de raça" (*Poesia...*, p. 906).

O comentário de Bandeira acendeu a ira do paladino da sinérese — o crítico Machado Sobrinho —, que o atacou com violência. Bandeira responde, sem impropérios e com bom senso, além da habitual erudição. Este trecho expõe plenamente seu pensamento sobre o assunto em debate:

> Pergunta o meu colérico adversário o que entendo por sentimento justo de ritmo. Respondo ser esse dom que diante de um verso como o do Sr. Mendes Campos dispensa as muletas da métrica e faz ler certo à primeira vista. Em que critério assento os princípios do ritmo? No ouvido. Que ensinamentos apresento para seu uso lógico e racional? Para responder cabalmente a este ponto, careceria escrever todo um tratado de versificação.[54] Em todo o caso posso satisfazer-lhe a vontade, cingindo-me tão-só ao objeto da discussão, que é a sinérese. Toda a vez que ocorre hiato no interior de um vocábulo, é facultativo fazer a elisão de uma vogal na outra. Nisto consiste a figura denominada sinérese. Dela fazem largo uso os poetas: não é, contudo, razão bastante para que se invertam as coisas e se queira erigir a licença em regra e a regra em licença.
>
> O ritmo é, nem só em poesia como também em música, uma noção sutil, e cada vez mais se torna sutil à proporção que, de geração em geração, se apuram os ouvidos. O Sr. Machado suspira pela fixidez, que é a morte. Como é insensato querer roubar às coisas o encanto da sua mobilidade! (*Poesia...*, p. 909).

[54]E Bandeira veio, de fato, a escrever um estudo intitulado "A versificação em língua portuguesa". Inicialmente publicado na Delta Larousse (1960), o texto está hoje incluído no volume *Seleta de prosa*. Rio de Janeiro: Nova Fronteira, 1997, org. de Júlio Castañon Guimarães, 2. impres., p. 533-557.

Lembrando que Machado Sobrinho tomara por lema os famosos versos de Victor Hugo —

Le poète est ciseleur,
Le ciseleur est poète —

que pregam "a precisão escultural da cinzeladura", Bandeira diz que está no seu direito, mas que a ele, Bandeira, "seduz de preferência o conceito musical do verso". E exclama, com Verlaine: *De la musique avant toute chose!* Aliás, os dois versos de Hugo são os mesmos usados por Bilac como epígrafe de "Profissão de fé", poema que viria a ser ironizado por Bandeira em "Os sapos". Caberia ainda recordar que estes artigos de Bandeira são do ano de publicação de *A cinza das horas*, livro de extrema musicalidade. Característica que, de resto, marca toda a sua obra poética.

Quanto ao mais, apesar do que é dito em "Uma questão de métrica", não podemos achar que Bandeira era, por volta de 1912, um homem limitado a regras estabelecidas. Não era (na verdade, nunca o foi); estava atento às novidades que vinham da Europa (pois não se referira — embora com ironia — aos futuristas?). Já mesmo superara a ilusão que lhe haviam causado os versos de Verhaeren (que julgara livres e apenas eram, de fato, polimétricos), tendo lido — cerca de oito meses antes da publicação de "Uma questão de métrica" — "Paroles pour les jeunes gens", de Guy-Charles Cros, e "umas *lullabies*" de Mac-Fiona Leod, seus primeiros contatos com o verso livre, como conta no *Itinerário...* (*Poesia...*, p. 32 e 33). Assim, de forma alguma Bandeira pode ser confundido com um Machado Sobrinho, com quem polemizou, pois "Uma questão de métrica" é, mais que tudo, manifestação de ira sagrada contra as facilidades, como tantas outras que ele faria ao longo da vida. Porque para ele (como para Mário e Drummond) o poeta deve dominar inteiramente sua arte — e só transgredir quando essa transgressão for uma conquista, um enriquecimento, uma intensificação maior da criação, jamais por ignorância, desleixo ou simples impulso de *épater* (como foi moda no modernismo e ainda ocorre nas vanguardas anacrônicas e piadísticas que continuam assolando o país). No mais, lembremos que Bandeira foi um dos maiores *transgressores* da poesia brasileira, ultrapassando tudo o que pudesse impedir ou empobrecer sua expressão. Manteve-se, realmente, atento ao conselho (posto como terceira epígrafe a este trabalho) do seu tio Sousa Bandeira, que assim lhe escreveu na dedicatória de um tratado de versificação: "A meu sobrinho, para que recorde apenas a técnica do verso, porque quanto à essência o melhor é pedir inspiração à sua própria alma."

2.2 – CAMÕES E OUTRAS "REMINISCÊNCIAS"

Influência particularmente importante na obra poética de Bandeira foi, como não poderia deixar de ser, a de Camões, que lhe descortinou "a tirania absurda do sistema parnasiano em querer impor a sinalefa obrigatória". O soneto que levou Bandeira a esta constatação é o que começa pelo verso *O céu, a terra, o vento sossegado*, onde dois versos — o 6º e o 13º — apresentam hiatos (em *a água* e *o arvoredo*, respectivamente):

> Onde co'o vento a água se meneia
> ....
> Move-se brandamente o arvoredo.

"Camões me reconciliou com os hiatos", diz ele. E acrescenta: "A tal ponto que resolvi celebrar o acontecimento com um poema que intitulei 'Hiato' e incluí depois em *Carnaval*." Embora tenha se "reconciliado" com os hiatos e lutado por eles diante de Machado Sobrinho, Bandeira às vezes os apontava como "licença" a ser evitada. Como quando censurou, em carta de 9 de agosto de 1925, a Mário um hiato no verso 145 de "Louvação da tarde": "Da minha vida *com o* meu destino" (*M & M*, p. 226). Mário aceitou a crítica e mudou o verso para "Da vida que me dou com o meu destino".

No estudo sobre Mário de Andrade (*Tumulto de amor...*, cit.), abordei a questão da influência também em Manuel Bandeira. Recordei a observação de Mário quanto à grande semelhança entre a expressão de Bandeira e de Fagundes Varela, a qual, por sua vez, seria "reminiscência" de Álvares de Azevedo.[55] Em nota de rodapé, Bandeira dá razão ao seu correspondente:

[55]Andrade, Mário de. *Cartas a Manuel Bandeira*. Rio de Janeiro: Simões, 1958, p. 297.

Trata-se aqui do meu poema "Madrigal Melancólico", cujas primeiras estrofes começam com o verso "O que eu adoro em ti", expressão com que se iniciam as seis primeiras estrofes do poema "Estâncias" de Fagundes Varela. Não tendo eu imitado conscientemente nem o Varela nem o Álvares de Azevedo, o que se deu comigo foi o que Mário assinala: "uma dessas reminiscências traidoras, em que a gente repete, e imita, sem saber que está repetindo e imitando".

No mesmo trabalho (p. 42-44), ressaltei uma "reminiscência" bandeiriana que considero realmente impressionante. Transcrevo o trecho:

"Reminiscência" particularmente notável em Bandeira é, a nosso ver, o *eco* do poema "The hill",[56] de Edgar Lee Masters, ressoando em uma das mais célebres composições do brasileiro — "Profundamente", incluído em *Libertinagem*. O tema de ambos os poemas é o **ubi sunt** e o poema de Masters já se inicia com a interrogação inelutável (a mesma, por exemplo, da famosa "Ballade du temps jadis", de François Villon):

---

[56]In: Marques, Oswaldino. *Videntes e sonâmbulos*. Rio de Janeiro: Departamento de Imprensa Nacional, 1955, p. 102-105. Jorge de Lima fez uma tradução deste poema: *A COLINA — Onde estão Elmer, Herman, Bert, Tom e Charley,/ O irresoluto, o de braço forte, o palhaço, o ébrio, o guerreiro/ Todos, todos, estão dormindo na colina./ Um morreu de febre,/ Um lá se foi queimado numa mina,/ O outro assassinaram num motim,/ O quarto se extinguiu na prisão,/ E o derradeiro caiu de uma ponte quando trabalhava para a esposa e os filhos,/ Todos, todos, estão dormindo, dormindo, dormindo na colina./ Onde estão Ella, Kate, Mag, Lizzie e Edith/ A de bom coração, a de alma simples, a alegre, a orgulhosa, a feliz?/ Todas, todas dormindo na colina./ Ella morreu de parto vergonhoso,/ Kate de amor contrariado,/ Mag nas mãos de um bruto num bordel,/ Lizzie ferida em seu orgulho à procura do que quis seu coração;/ E Edith depois de ter vivido nas distantes Londres e Paris/ Conduzida a seu pequeno domínio por Ella e Kate e Mag,/ Todas, todas estão dormindo, dormindo, dormindo na colina./ Onde estão tio Isaac e tia Emily,/ E o velho Tom Kincaid e Sevigne Houghton,// E o Major Walker que conversara/ Com os veneráveis homens da revolução?/ Todos, todos, estão dormindo na colina.// Trouxeram-lhes filhos mortos na guerra,/E filhas cuja vida tendo sido desfeita,/ Os filhos sem pai choravam/ Todos, todos, estão dormindo, dormindo, dormindo na colina.// Onde está o velho violinista Jones/ Que brincou com a vida durante noventa anos,/ Desafiando as geadas a peito descoberto,/ Bebendo, fazendo arruaças, sem pensar na esposa, nem na família,/ Nem em dinheiro, nem em amor, nem no céu?/ Vêde! Fala sobre os cardumes de peixes de antigamente,/ Sobre as corridas de cavalo de Clary's Grove, outrora./ Sobre o que Abe Lincoln disse/ Uma vez em Springfield.* Publicado em *A Manhã*, Rio de Janeiro, 1 de setembro de 1946. In: Lima, Jorge de. *Poesias completas*, cit., v. IV, p. 74-75.

Where are Elmer, Herman, Bert, Tom and Charley,
The weak of will, the strong of arm, the clown, the boozer, the fighter?
All, all, are sleeping on the hill.

Em Manuel Bandeira, os que estão dormindo estão mesmo, no início, apenas dormindo, depois da festa de São João:

Onde estavam os que há pouco
Dançavam
Cantavam
E riam
Ao pé das fogueiras acesas?

— Estavam todos dormindo
Estavam todos deitados
Dormindo
Profundamente

Só na segunda parte do poema é que o *sono* passa a significar morte. Não é mais o menino despertando no meio da noite enquanto todos dormem, é o homem maduro relembrando os seus mortos:

Hoje já não ouço mais as vozes daquele tempo
Minha avó
Meu avô
Totônio Rodrigues
Tomásia
Rosa
Onde estão todos eles?
— Estão todos dormindo
Estão todos deitados
Dormindo
Profundamente

O que certamente sugere uma "reminiscência" deste (como de outros) trecho de Masters:

Where are Ella, Kate, Mag, Lizzie and Edith,
The tender heart, the simple soul, the loud, the proud, the happy one? —
All, all, are sleeping on the hill.

O tema pertence a todos, já a elaboração é outra coisa. Sem dúvida

Estão todos dormindo
Estão todos deitados
Dormindo
Profundamente

ressoa

All, all, are sleeping, sleeping, sleeping on the hill.

Especialmente quando tomamos o refrão assim, como agora citado — com a repetição, por mais duas vezes, de *sleeping*, como ocorre na 2ª, 4ª e 6ª estrofes:

All, all, are sleeping, sleeping, sleeping on the hill.

Verso que é ritmicamente lido desta maneira, digamos, bandeiriana:

All, all, are sleeping,
sleeping,
sleeping on the hill.

Lêdo Ivo já havia registrado tais correspondências dos dois poemas no texto "Lembrança de Manuel Bandeira",[57] mas de tal maneira que me sinto obrigado a fazer algumas observações. Primeiro, não julgo aceitável que "Profundamente" seja uma "paráfrase inconfessada", pois tal não era do caráter de Bandeira, sendo ele homem de confessar, como o fez inúmeras vezes, as suas influências, ecos,

[57]In: *Teoria e celebração*. São Paulo: Duas Cidades, 1976, p. 92.

reminiscências, com toda a transparência de alma, porque sabia que pertencia a uma tradição e que a função do artista é acrescentar a ela sua colaboração, sem a tola presunção de originalidade absoluta, pois originalidade é, na verdade, essa *colaboração* da individualidade artística ao legado da tradição.[58] Segundo, não posso também concordar com o que é insinuado: que Bandeira, tradutor de vários poetas norte-americanos, jamais tenha traduzido Lee Masters, nem o tenha citado jamais, como estratégia para não denunciar a própria e "inconfessada" pilantragem (tais palavras não são utilizadas, mas o sentido é este mesmo). Ora, Bandeira não era nenhum ingênuo a ponto de achar que poderia, com tal omissão, impedir que as semelhanças entre os poemas fossem, mais cedo ou mais tarde, observadas. Ele certamente conhecia o poema de Masters, e a ele (como a outros, a começar por Villon) provavelmente devia a "reminiscência" a que nos referimos, mas "Profundamente" é um poema de Bandeira, bem caracteristicamente bandeiriano, o que Mário de Andrade chamaria de "mais Manuel".[59]

Poeta algum nasce do nada: há, atrás dele, sempre, uma tradição, uma fabulosa herança composta pela obra de milhares de poetas que o antecederam. Tal herança ressoa nos autores que vão surgindo, com maior ou menor evidência. Caso famoso é, por exemplo, o de T.S. Eliot, que realizou seu trabalho com "colheitas" em diversos autores, como, por exemplo, Corbière, Laforgue e Gautier. No Brasil, Manuel Bandeira reconhecia claramente suas influências; Mário de Andrade não só as reconhecia como as proclamava — inclusive plágios, alguns intencionalíssimos, como mostrei em *Tumulto de amor...* ("Maniqueísmo e plágio", p. 19-44); e Drummond reconhecia, em tranqüilidade poética, as suas influências:

[58]Quanto a influências e tradição, nada mais expressivo do que este trecho de carta que escreveu (19/10/1941) a Alphonsus de Guimaraens Filho: "Só ultimamente é que fiz uns dois ou três bons sonetos, porque me pus na escola de Quental, que é a escola de Camões, que é a escola de Petrarca, que é a escola de Dante..." *Itinerários*, p. 81.
[59]Estudo importante sobre este poema, ressaltando-lhe a autenticidade e a condição de alta poesia, foi feito por Davi Arrigucci Jr.: "A festa interrompida". In: *Humildade, paixão e morte.* São Paulo: Companhia das Letras, 1990, p. 201-232.

> Estes poetas são meus. De todo o orgulho,
> de toda a precisão se incorporaram
> ao fatal meu lado esquerdo. Furto a Vinicius
> sua mais límpida elegia. Bebo em Murilo.
> Que Neruda me dê sua gravata
> chamejante. Me perco em Apollinaire. Adeus, Maiakovski.[60]

Aquelas influências primeiras foram, obviamente, seguidas por muitas outras. A de Mário de Andrade, por exemplo, que foi, segundo o próprio Bandeira, "a última grande influência" que recebera:

> Grande influência, repito, e de que eu tinha então clara consciência, tanto que depois de escrever certos poemas — "Não sei dançar",[61] por exemplo, "Mulheres", "Pensão familiar" — estive quase a inutilizá-los porque me pareciam verdadeiros "*à la manière de*". Se não o fiz, foi porque o mesmo Mário me convenceu de minha ilusão, provando-me, com bons argumentos, que eles eram tudo o que poderia haver de mais "Manuel" (*Poesia...*, p. 57-58).

E ainda a influência indicada na página 83 do mesmo livro: a de um poema (provavelmente intitulado "Uma aventura") de Pedro Dantas (pseudônimo de Prudente de Moraes, neto) sobre a elaboração de "O desmemoriado de Vigário Geral" (*Estrela da manhã*), fato devido ao ter-se encantado Bandeira com "o mistério que o poeta soube insuflar numas tantas locuções trivialíssimas".

2.3 – OS "NOVOS DEFUNTOS" E JOÃO CABRAL

Também a Geração de 45 tocou, de certa forma, o velho poeta. Como reagir diante daqueles neoparnasianos que assaltavam a República das Letras?

---

[60] Andrade, Carlos Drummond de. "Consideração do poema". In: *Poesia completa e prosa*. 3. ed. rev. mod. Rio de Janeiro: Aguilar, 1973, p. 138.

[61] O interessante é que "Não sei dançar" é o poema do qual Mário dizia, como vimos, ser "bem das tais poesias que não são poesia, são lirismo". O lirismo que não bastava a Mário.

Bandeira, homem fino, educado, hesitava. Claro que já estava muito distante daquele formalismo, e certamente percebia a fragilidade da "nova" produção. Mas eram autores jovens, muitos deles seus confessos admiradores, Bandeira se comportou com cautela. De acordo, aliás, com o bom comportamento estético da moçada, capaz de se escandalizar — calculava o poeta — com versos publicados por ele muitos anos antes (*Poesia...*, p. 61 e 83). E o fato é que ele acabou influindo para que a Academia concedesse prêmios a Lêdo Ivo e Domingos Carvalho da Silva, dois representantes da geração que Merquior definiu como "o mais triste dos novos defuntos".[62]

Mas, devido à disparidade estética — além da freqüente grosseria dos candidatos a poetas — a relação esteve longe de ser tranqüila. Em carta a João Cabral de Melo Neto (s/d), Bandeira refere-se à "revistinha" *Orfeu*, produzida por um "grupinho de rapazes, atrás do qual dizem que está o Lêdo Ivo", que se dedicava a "esculhambar a Geração de 22, especialmente o Carlos Drummond", o que ele, Bandeira, considerava "sintoma de burrice, presunção e outras coisas" (*Correspondência de Cabral com Bandeira e Drummond*, cit., p. 108). Ao mesmo destinatário, em carta de 12 de agosto de 1951, conta que

> (...) o Prudente [Prudente de Morais Neto] mandou fazer uma enquete junto aos poetas. A coisa começou comigo. Como o entrevistador saísse do tema e falasse de outros assuntos, vou eu e disse meia dúzia de lérias que arranharam grandemente a Geração de 45. Primeiro foi o Lêdo [Lêdo Ivo], depois veio esse Darcy Damasceno, que me parece despeitadíssimo porque eu nunca falei nele e falei de outros. Não sei se isso lhe interessará aí nessa imensa Londres, perto de Eliot e outros gigantes, estes Lêdos, Darcys e Domingos [Domingos Carvalho da Silva] devem lhe parecer uns chatinhos.

Como nos informa Flora Süssekind, em nota (nº 5) a esta carta, na entrevista — ao *Diário Carioca* — Bandeira dissera que o poema "Ode equatorial", de Lêdo Ivo, era "puro 22", mas apontava o próprio Lêdo e mais João Cabral, Péricles Eugênio da Silva Ramos, Geir Campos, Thiago de Mello e José Paulo

---

[62]Merquior, José Guilherme. "Falência da poesia ou uma geração enganada e enganosa: os poetas de 45". In: *Razão do poema*. Rio de Janeiro: Civilização Brasileira, 1965, p. 34.

Moreira da Fonseca como representativos de uma "sensibilidade nova". O que certamente irritou mais os "novos" foi ter Bandeira visto neles um "formalismo de linguagem" — o que se devia a não possuírem, muitos deles, "no ouvido o sentido do verso". Uma irritação que se manifestou logo, em vários ataques ao velho poeta, mesmo não tendo os "novos" percebido inteiramente o alcance da crítica — cuja dureza maior só pode ser inteiramente registrada pelos que sabem que o *ouvido* era considerado, por Bandeira, fundamental ao poeta, como já o vimos escrever, por exemplo, na polêmica com Machado Sobrinho, assim como em carta a Alphonsus de Guimaraens Filho (*Itinerários*, p. 81), quando dizia do desagrado que lhe causavam poetas sem "o verso medido nas ouças" (aliás, um dos maiores elogios que ele faz a Gonçalves Dias é este: "Tinha o poeta finíssimo ouvido." *Poesia...*, p. 789). Assim, se os tais poetas não tinham "no ouvido o sentido do verso", poetas mesmo não poderiam ser.

Embora não percebessem toda a contundência da observação bandeiriana, os criticados revidaram com ferocidade. Nas notas 6 e 8 à mesma carta, encontramos alguns exemplos dessa reação: para Afonso Félix de Sousa, as opiniões de Bandeira eram as de "um velho que já não sabe o que diz" e cujos poemas mais recentes ("Poema para Santa Rosa", "Aeromoças", "Ouro Preto", etc.) eram "desastres mentais"; e Darcy Damasceno reclamou de os poetas modernistas terem transformado Bandeira em "tabu", sendo que a produção deste se caracterizava por "versos românticos" e "guias e anedotários líricos". Polemista experimentado, e embora não dando maior importância a estes adversários, Bandeira não deixou tais ataques sem resposta. Como vemos, por exemplo, na crônica "O pêlo do crítico", de 21 de outubro de 1956, incluída em *Flauta de papel* (*Poesia...*, p. 477-478). Diante da afirmação de que o que mais se podia dizer de seus versos era que eles eram "bonitinhos", Bandeira escreve que leu "a piada" e ficou "imaginando o prazer, a satisfação do engraçado rapaz ao talhar a pequena seta envenenada com que pretendeu humilhar o velho bardo já bastante humilhado pela vida". E então revela que tem na estante um voluminho do seu crítico com esta dedicatória: "Ao poeta Manuel Bandeira, com um abraço de admiração." O problema, pensa ele, é que não se referira ao autor pela imprensa — como fizera com outros (Lêdo Ivo, Geir Campos, João Cabral...) de sua geração, o que certamente irritara o "jovem poeta sedento de glória". Revelando seu hábito de se livrar dos maus livros que recebe, Bandeira lembra que o livro do seu crítico não fora para o lixo: "Nem mesmo depois da piada." E encerra desta maneira sua resposta: "Meus versos são bonitinhos? Ainda bem. O elogio agradou a mim, ao Dante Milano e à Estrela da Manhã. Obrigado, rapaz!"

A sede de glória era realmente uma coisa séria. Não ser citado por Bandeira (e sem dúvida por outros dos já consagrados) deflagrava vastos ressentimentos. Aos quais, como vimos, o poeta respondia com bom humor e ironia. Um desses mais ressentidos não só foi claramente identificado como deve ter-se considerado mais do que saciado quando Bandeira, ao fim de sua paciência e de uma crônica sobre as edições *Hipocampo* (*Poesia...*, p. 293), citou os novíssimos da Geração de 45 desta maneira:

> Paulo Mendes Campos, Emanuel de Moraes, Darcy Damasceno, Paulo Armando, Etienne Filho, Darcy Damasceno, Afonso Félix de Sousa, Dirceu Quintanilha, Darcy Damasceno, Darcy Damasceno, Darcy Damasceno, Fred Pinheiro, Ferreira de Loanda, Hélcio Martins, Darcy Damasceno, José Paulo Moreira da Fonseca, Marcos Konder Reis, Mauro Mota, Antônio Olinto, Manuel Cavalcanti, Darcy Damasceno, Rodolfo Maria de Rangel Moreira, Darcy Damasceno, Domingos Carvalho da Silva, Reynaldo Bairão, Wilson Figueiredo, Ferreira Gullar, Darcy Damasceno, Olímpio Monat da Fonseca, Domingos Paolielo, Darcy Damasceno, Darcy Damasceno, Darcy Damasceno, Darcy Damasceno, Darcy Damasceno etc.

Manuel Bandeira não foi um combatente anti-Geração de 45, de forma alguma. Pelo contrário: até ajudava a rapaziada a ganhar prêmios, como vimos. E não lhe faltaram convocações (tirante as íntimas, de sua visão estética) para a batalha. Uma dessas convocações foi feita por João Cabral de Melo Neto, que, em carta de 11 de dezembro de 1951, lhe escreveu:

> (...) você com sua autoridade podia muito bem tomar a frente de um movimento de denúncia do abstracionismo em pintura, de seu equivalente atonalismo da música e do neoparnasianismo-esteticismo da Geração de 1945 (*Correspondência...*, p. 145-146).

No ano seguinte, porém, João Cabral publicava quatro artigos, no *Diário Carioca*, já vendo perspectivas positivas para a Geração de 45, na qual chegava a divisar "uma nova poesia, talvez mesmo uma nova sensibilidade".[63] Cabral vinha, já há tempos (como se pode ler, por exemplo, na correspondência com Bandeira e Drummond, aqui citada, e na conferência "Poesia e composição — a inspiração e o trabalho de arte", pronunciada na Biblioteca de São Paulo em 1952),[64] preocupado com o excessivo "subjetivismo", a "inspiração" e o que considerava desleixo na poesia brasileira da época. Sobre o poeta com tais características, escreveu:

> A existência objetiva do poema, como obra de arte, não tem sentido para ele. O poema é um depoimento e quanto mais direto, quanto mais próximo do estado que o determinou, melhor estará. A obra é um simples transmissor, um pobre transmissor, o meio inferior que ele tem de dar a conhecer uma pequena parte da poesia que é capaz de vir habitá-lo.

E prossegue, logo adiante:

> A poesia deles é quase sempre indireta. Ela não propõe ao leitor um objeto capaz de lhe provocar uma emoção definida. O poema desses poetas é o resíduo de sua experiência e exige do leitor que, a partir daquele resíduo, se esforce para colocar-se dentro da experiência original.
>
> Essa espécie de poesia, geralmente, e hoje em dia sobretudo, atinge mais facilmente o leitor. Ela é escrita em linguagem corrente, não por amor à linguagem corrente, mas como resultado de sua pouca elaboração. Também porque é pouco elaborada ela desdenha completamente os efeitos formais e tudo o que faça apelo ao esforço e à inteligência. Por outro lado, o tom nela é essencial. É através do tom, de suas qualidades musicais, e não qualidades intelectuais ou plásticas, que ela tenta reproduzir o estado de espírito em que foi criada. Muitas vezes, mais do que pelas palavras é pela entonação que o autor penetra em sua atmosfera.

[63]"A Geração de 45". In: Melo Neto, João Cabral de. *Prosa*. Rio de Janeiro: Nova Fronteira, 1998, p. 74.
[64]In: *Prosa*, p. 51-70.

> É uma poesia que se lê mais com a distração do que com a atenção, em que o leitor mais desliza pelas palavras do que as absorve. Vagamente, para captar das palavras, sua música. É uma poesia para ser lida mais do que para ser relida (*Prosa*, p. 59-60).

A que poetas e a que poesia se referia João Cabral? Aos herdeiros de 22, evidentemente. Aos que trouxeram a poesia à "linguagem corrente", libertando-a das limitações da "linguagem poética" e dos "temas poéticos". Cabral se põe contra o "lirismo", as "normas particulares", as "poéticas individuais" — logo ele, extremamente particular, individual, em sua poética. Tais críticas atingiam, sem dúvida, alguns dos poetas mais reconhecidos da época — como Augusto Frederico Schmidt, Jorge de Lima e... Bandeira e Drummond. O primeiro, pelos versos soltos e vastos, freqüentemente "abstratos"; o segundo, pela atmosfera bíblica, mística, tantas vezes obscura, que Cabral detestava; o terceiro, pelo individualismo lírico e a musicalidade, além da criação inconsciente, provinda da "camada subterrânea, irracional e onírica" como escreveram Gilda e Antônio Cândido, em sua introdução a *Estrela da vida inteira*; o quarto, por ser criador de uma forte individualidade poética que — como ocorria com os demais — provinha da "inspiração". Na citada conferência, a alusão a Drummond é clara:

> À predominância do conceito de inspiração podemos atribuir a responsabilidade de uma atitude bastante comum na literatura de hoje, particularmente na literatura brasileira. É a atitude do poeta que espera que o poema aconteça, sem jamais forçá-lo a "desprender-se do limbo" (*Prosa*, p. 61).

Em "Procura da poesia", segunda composição de *A rosa do povo*, está o verso que serve para ilustrar a crítica cabralina:

> Não forces o poema a desprender-se do limbo.[65]

[65]*Poesia completa e prosa*. Rio de Janeiro: Aguilar, 1973, p. 139.

Cabral queria a poesia "voluntária", de elaboração lúcida do intelecto. Uma *engenharia* — como se, em última análise, assim não fossem todos os poemas, toda e qualquer obra de arte: uma construção. Enfim, ele suspirava por outros modos e costumes. Leiamos mais um trecho da conferência:

> No tempo em que se reconheciam normas definidas para o verso, a situação era diferente. Estas regras estavam objetivamente fixadas e sua aplicação podia ser objetivamente verificada. A consciência poética era o conhecimento delas, seu domínio e a vigilância ao aplicá-las. O artista tinha onde apoiar-se. Sabia como limitar seu trabalho. Hoje em dia é impossível determinar até onde deve ir a elaboração do poema. Onde interrompê-la. É possível fazê-la prolongar-se indefinidamente (ib., p. 66-67).

Cabral defendia normas, apoios, limitações para a expressão (ou "comunicação", como ele preferia) poética. Claro que tinha razão contra certos — ou muitos — desmazelos, os quais já vimos criticados por Mário de Andrade, especialmente em "A poesia em 1930". Bandeira e Drummond também jamais toleraram esses desmazelos. A posição de Bandeira já foi (e será novamente) vista neste estudo. Quanto a Drummond, em diversos momentos se manifestou a respeito — como na entrevista que deu ao Caderno 2 de *O Estado de S. Paulo*, em 19 de outubro de 1986, quando declarou:

> O que há hoje no Brasil é uma diluição da poesia brasileira em termos até chatíssimos, porque todo mundo agora faz poesia e ninguém faz poesia. O mal disto vem do Modernismo. O Modernismo rompeu, inovou, criou, deu novas formulações estéticas, mas ao mesmo tempo permitiu que todo mundo que não sabe escrever escrevesse. O pessoal não tem a menor noção de ritmo, de criação verbal, e faz versos. Todos os dias agora aparecem antologias, e então aparecem 200 poetas, geralmente mulheres. É impressionante o número de mulheres que pensam que fazem versos.

A diferença é que Mário, Bandeira e Drummond, apesar das críticas que faziam, da náusea que lhes causava a torrencial produção de má poesia (que persiste ferozmente nos dias de hoje), achavam que se poderia fazer uma grande e rigorosa poesia com as conquistas advindas do Modernismo — o que realmente se deu com, por exemplo, autores como eles mesmos –, enquanto Cabral desejava soluções pré-românticas, ou seja, através da imposição de uma estética normativa e limitadora, o que nos leva a uma espécie de neoclassicismo (mas não, como dirá, uma volta ao Parnasianismo). Quanto à "individualidade", ou "subjetivismo", dos poetas, vale reler o que ele pôs em carta a Drummond, apenas alguns meses antes da conferência:

> Você — e isso já desde alguns anos atrás — chegou àquele ponto invejável num artista, em que é possível transformar tudo em Carlos Drummond de Andrade. Até o Código Civil, se você o reescrevesse. É a isso que se deveria chamar estilo (*Correspondência...*, p. 238).

Isto escreveu Cabral depois de receber e ler duas publicações de Drummond: *A mesa* e *Contos de aprendiz*. Portanto, poesia e prosa. Tudo Carlos-Drummond-de Andrade, inconfundivelmente. Individualidade. Condição que Cabral considerava "invejável num artista". E mais que meramente "invejável": numa entrevista de 1990, dizia ele que em todas as artes "só fica o sujeito que tem um sotaque especial"; que o autor tem de trazer "alguma coisa nova", pois é por esse novo que ele traz, que fica, e "esse novo é o acento pessoal dele".[66]

As *mutações* cabralinas são muitas.[67] Vejamos alguns exemplos. Em 1953, em entrevista a Vinicius de Moraes, diz que o verso livre é "uma aquisição fabulosa" e que "é bobagem qualquer tentativa de volta às formas preestabelecidas". Para ele, abrir mão das conquistas da poesia moderna seria "como banir a poesia do mundo moderno", porque "a realidade presente é rica demais para caber nessas formas hoje requintadas e artificiais das épocas de estabilidade cultural" (*Idéias fixas...*, p. 92). Em 1988, afirma que "uma das coisas fatais da poesia foi o verso livre", pois no tempo da métrica e da rima "você tinha que trabalhar seu texto" e, assim, trabalhando, "tirava o inútil". Mais adiante, na mesma entrevista, lembra Eliot para dizer que "o verso nun-

---

[66]In: Athayde, Félix de. *Idéias fixas de João Cabral de Melo Neto*. Rio de Janeiro: Nova Fronteira, 1998, p. 76.

[67]Cf. *Tumulto de amor...*, p. 143-176.

ca é livre", acrescentando que: 1) é contra "as regras estratificadas do verso metrificado"; 2) nenhum verso é livre "e nenhum verso se aprende em arte poética"; 3) o poeta (ele fala diretamente ao entrevistador: *você*) tem que descobrir suas regras que, embora não sejam regras consagradas, são regras que ele respeita "religiosamente" e, respeitando-as, exige de si mesmo maior trabalho, e uma coisa feita com inteligência e trabalho "é forçosamente melhor" (*Idéias fixas...*, p. 93). Um ano depois, acha que o verso livre "já foi longe demais" e diz que toda a sua poesia é metrificada; uma metrificação problemática, pois ele acrescenta: "Talvez pelo fato de eu não ter ouvido, eu pense que estou escrevendo rigorosamente metrificado e na verdade estou escrevendo em verso livre sem saber" (ib., p. 94). Em 1990, declara que o Modernismo "teve a maior influência possível em introduzir na literatura brasileira o verso livre", porém o brasileiro "em geral não é muito de trabalho" e é "muito convencional", o que faz com que todo mundo seja "capaz de escrever um verso livre contando a sua dor de corno"; por isso considera já ser "o momento de se voltar a uma forma rígida". E conclui: "Não de voltar a nenhum Parnasianismo, sonetismo, a nenhuma forma rígida exterior. Mas eu tenho a impressão de que cada pessoa devia encontrar a sua forma rígida para sua maneira de ser e segui-la" (ib., 95).

Leiamos: "para sua maneira de ser". Certo — mas não é o que todo poeta (ou artista) faz? Não desenvolve, cada um, a *sua* poética, a arte de suas possibilidades? Ou faz isto, ou não é artista. Quanto ao verso livre, que ele sabia jamais ser livre, não pode ser responsabilizado pela ruindade de certos poetas. Afinal, sempre houve muito poeta ruim perfeitamente metrificado. A técnica não tem culpa: o artista é que às vezes não sabe exercê-la. Há poetas que são melhores nas formas fixas, outros se destacam nas técnicas mais — digamos — flexíveis. E mesmo as formas fixas mudam muito: o soneto de hoje, por exemplo, não é o do passado. Vinicius, apesar da influência, não é Camões. Os sonetos de Drummond não são os dos poetas que ele leu na vida. Os sonetos "pavônicos" de Sosígenes Costa são exclusivos do belmontino. São todos sonetos — mas cada poeta insuflou neles a sua "maneira de ser". Se um poeta moderno não trabalha seu texto, não "tira o inútil", a culpa não é da poesia moderna — é desse poeta. Muito metrificador fabuloso (e o Parnasianismo aí está com inesgotáveis exemplos) não fez mais do que exatamente metrificar "o inútil". Impor determinadas obrigações formais como solução para o desleixo não resolve. É retroagir. Acabaremos caindo, novamente, nas *fôrmas* (com circunflexo) da saparia bandeiriana. A técnica, em si, não limita nem "resolve". É um *meio* que deve ser dominado pelo artista. O que não deve haver é técnica imposta, "preexistente", como no Parnasianismo. O poeta tem que descobrir suas próprias formas. Como, aliás, João Cabral sabia muito bem, e a este respeito se manifestou várias vezes. Em "Poesia e composição", por exemplo:

> (...) se quisermos falar das idéias que prevalecem hoje em matéria de composição literária, temos de partir da consideração dos fatores pessoais. Podemos verificar que o conceito de composição de cada artista, da mesma maneira que seu conceito de poema, é determinado pela sua maneira pessoal de trabalhar. Libertando-se da regra, que lhe parece, e com razão, perfeitamente sem sentido, porque nada parece justificar a regra que lhe propõem as academias, o jovem autor começa a escrever instintivamente, como uma planta cresce. Naturalmente, ele será ou não um homem tolerante consigo mesmo, e esse homem que existe nele vai determinar se o autor será ou não um autor rigoroso, se pensará em termos de poesia ou em termos de arte, se se confiará à sua espontaneidade ou se desconfiará de tudo o que não tenha submetido antes a uma elaboração cuidadosa (*Prosa*, p. 56).

Assim se constrói o artista moderno: sem "apoios", normas ou limitações exteriores. Solto no mundo grande, fazendo a sua arte *de si*. Como João Cabral fez. Ao se referir à "maneira pessoal de trabalhar", Cabral *ressoa* o que Mário de Andrade disse em crítica de 1931:

> Verso livre é (...) aquisição de ritmos pessoais. Está claro que se saímos da impersonalização das métricas tradicionais, não é pra substituir um encanto socializador por um vácuo individual. O verso livre é uma vitória do individualismo (*Aspectos...*, p. 28).

Ainda quanto ao propalado "objetivismo" de João Cabral, que envolvia uma atitude de anti-subjetividade e anticonfessionalidade, convém ler Antonio Carlos Secchin em "João Cabral: Marcas", conferência incluída em seu livro *João Cabral:*

a poesia do menos e outros ensaios cabralinos.[68] Questionando a objetividade no poema, diz Secchin que a simplificação didática da expressão "poesia objetiva" esconde "uma série de mal-entendidos e de contradições, sobretudo se nos ativermos a critérios de natureza estritamente formal, considerando, por exemplo, que seria objetivo o texto que não contivesse as marcas lingüísticas da primeira pessoa". Assim sendo, pergunta ele, "onde catalogar as muitas descrições (em terceira pessoa) acintosamente emocionadas dos românticos? E como classificar os textos em que o 'ele' é a máscara transparente do próprio 'eu', oculto no biombo da terceira pessoa?"

Prosseguindo (e sempre tendo em vista a "divisa predileta de Cabral", ou seja, a reiterada pregação de que a poesia deve "dar a ver"), escreve Secchin:

> Toda obra revela simultaneamente a percepção e o percebido, seja a percepção exterior ou interna, seja o percebido uma pedra ou o mais inefável dos sentimentos. A objetividade plena pressuporia eliminar-se o foco de enunciação, pois este inflete inevitavelmente sobre aquilo que está capturando. Dar a ver não é deixar o objeto objetivamente falar, é escolher estratégias discursivas propícias a uma *simulação* de objetividade, onde as impregnações mais visíveis do sujeito se camuflem em prol de uma cena em que os objetos pareçam falar de si, mas sempre por meio do sotaque de quem os vê. Por mais que o artista deseje, a escrita do mundo não é autógrafa. A fé num registro descontaminado foi enterrada com a hipostasia naturalista; destruída a fé, resta a simulação, conforme lemos no poema "Dúvidas apócrifas de Marianne Moore" (de *Agrestes*, 1985):
>
> Sempre evitei falar de mim,
> falar-me. Quis falar de coisas.
> Mas na seleção dessas coisas
> não haverá um falar de mim?
>
> Não haverá nesse pudor
> de falar-me uma confissão,

[68] Rio de Janeiro: Topbooks, 2. ed. rev. ampl., 1999, p. 307-323.

uma indireta confissão,
pelo avesso, e sempre impudor?
....
Como saber, se há tanta coisa
de que falar ou não falar?
E se o evitá-la, o não falar,
É forma de falar da coisa?

Por essa via, podemos concluir como são relativas as bases da proclamada objetividade cabralina; tratar-se-ia, ao contrário, de uma poesia sutilmente confessional, urdindo uma espécie de autobiografia em 3ª pessoa. É pela marca exaustiva sobre determinados signos que se vai desenhando o rosto de quem a imprime.

Desenhando o rosto... A expressão nos remete às palavras que Jorge Luis Borges escreveu no epílogo de *El hacedor*, e que certamente também valem para o poeta João Cabral de Melo Neto e sua obra:

> *Un hombre se propone la tarea de dibujar el mundo. A lo largo de los años puebla un espacio com imágenes de provincias, de reinos, de montañas, de bahías, de naves, de islas, de peces, de habitaciones, de instrumentos, de astros, de caballos y de personas. Poco antes de morir, descubre que ese paciente laberinto de líneas traza la imagen de su cara* (ob. cit., p. 170).

Voltando à Geração de 45, que originou esta já longa digressão, Cabral fez os elogios já vistos, tentou entendê-la e justificá-la, mas encontrou problemas, pois não tinha a visão de "escola" do grupo. Ele sabia de onde "vinha": da Semana de 22, de Mário, Bandeira e Drummond. Ao dizer isto, envolvendo os poetas da Geração de 45, despertou indignação, porque tais poetas se consideravam inovadores, sem compromisso com os que tinham sido realmente inovadores nos anos 20 e 30. É o que se lê neste depoimento:

> A Geração de 45 não tem nenhum poeta original. Geração é uma coisa real, mas eles tinham um sentido de geração quase de clube! Eles expulsavam um sujeito dessa Geração de 45. Eu adoraria ser expulso, eu

devia ter sido, mas então, eles que me dessem uma certidão de idade datada de 1930. Agora, me expulsar de ter nascido no ano de 1920, ninguém pode (*Idéias fixas...*, p. 60).

Vinte anos antes ele já se divertia:

> Quando Lêdo Ivo inventou a Geração de 45 eu estava na Espanha. No Brasil, nunca participei de política literária nenhuma. Sou da Geração de 45 porque todos os que se consideram assim são meus contemporâneos. Mas se meus pais tivessem me perguntado se eu queria nascer, eu indagaria se havia algum risco. Eles me responderiam: "Vão inventar a Geração de 45." Então, eu pediria: "Faz Evaldo [irmão caçula do poeta; diplomata e historiador] nascer em meu lugar. Deixa eu nascer daqui a 16 anos."

Embora tenha rejeitado a estética da Geração de 45, dizendo-se herdeiro dos poetas de 22, João Cabral manteve sempre a preocupação formalista que — embora chegasse ele a outras "soluções" — foi própria daquela escola. Diz Wilson Martins:

> (...) assim como os sinais premonitórios do Modernismo começaram a aparecer por volta de 1916 (o que, claro está, só retrospectivamente pôde ser percebido), é em 1942 que principia a constituir-se a "geração de 45", anunciada, de forma aliás obscura e sem qualquer repercussão particular, pelo pequeno volume de João Cabral, impresso no Recife. Mas, colocados sob a égide de Mallarmé, esses poemas já anunciavam a poesia cerebral que ia caracterizar a maior parte dos novos poetas: poesia de compêndio, por assim dizer, muito consciente de todas as figuras da antiga Retórica, com a sua teoria de nomes gregos; poesia em que o rigor intelectual premunia, por definição, o abandono emotivo. Seria, também, uma poesia descritiva e visual, interessada nos objetos e nos materiais da natureza, quase sempre de expressão laboriosa e exalando a beleza gelada das paisagens lunares.
>
> No caso de João Cabral, a natureza visual do sentimento poético manifestava-se desde os versos iniciais do primeiro poema:

> Meus olhos têm telescópios
> espiando a rua
> espiando minha alma
> longe de mim mil metros.

> Toda a obra poética de João Cabral pode ser interpretada a partir desses versos e neles se contém. A poesia visual e descritiva pára, necessariamente, na superfície das coisas e não pode ir além; acresce que o novo poeta era afetivamente opercular, sofria da carência poética irremediável que é a impossibilidade, digamos, orgânica, de comunicação emocional.[69]

Assim, para Wilson Martins, Cabral não era só da Geração de 45 — mas seu precursor.

Para finalizar, lembremos que a Geração de 45 chegou a enganar (como, mais tarde, o Concretismo e suas seqüelas) mesmo muita gente, inclusive quem não deveria se deixar enganar. Uma dessas pessoas foi o crítico — dos nossos maiores — Álvaro Lins, que viu os "novos" como construtores de uma forma "artística e bela". Conquistada "não por intuição, porém mediante pesquisas e estudos no terreno da ciência rítmica do verso", em busca de "uma forma de expressão para depois enriquecê-la com a inspiração, feita de experiência vital, no decorrer dos anos seguintes".[70] Quer dizer: elaboravam friamente uma forma para "depois" insuflar-lhe inspiração — como se inspiração fosse *algo* que estivesse sempre à mão, um produto facilmente encontrável em qualquer mercadinho da vizinhança dos poetas...

Antonio Candido, atento aos modismos da época, observou a substituição da poesia pela "poética", ou seja, pelas experiências técnicas na elaboração dos poemas denunciando "o pouco ou nada" que a poesia de então tinha para dizer — e quando tinha era "devido à sensibilidade e aos temas da geração anterior". E mais: que aqueles "novos poetas" representavam, na verdade,

---

[69] Martins, Wilson. *História da inteligência brasileira*. São Paulo: Cultrix, 1979, v. VII, p. 198-199

[70] In: *Os mortos de sobrecasaca*. Rio de Janeiro: Civilização Brasileira, 1963, p. 90.

a barragem que será estourada quando as correntes represadas da inspiração adquirirem, na experiência individual e coletiva, energia suficiente para superar as atuais experiências técnicas, mais de poética do que de poesia.[71]

Técnicos admiráveis tinham sido os parnasianos. Sua capacidade de "montar" um poema só não era inferior à sua (quase geral) incapacidade de produzir poesia. Incapacidade que foi ainda maior nas "vanguardas" da segunda metade do século XX, as quais se destacaram também pela incapacidade de "montar" convincentemente o que seria o poema.

Fazia frio no parnasianismo... — escreveu Mário de Andrade no poema XXIII de *Losango cáqui*. Fazia frio também nas escolinhas dos anos 50. A Geração de 45, que teria abolido "o verso desleixado modernista"[72] (sim, de gente extremamente "desleixada" como Manuel Bandeira, Carlos Drummond de Andrade e Jorge de Lima, por exemplo...), não se revelou mais do que um grupo de versejadores de curto ou nenhum fôlego, merecendo de José Guilherme Merquior o epíteto de "geração enganada e enganosa".[73]

2.4 – MAIS ALGUNS DEFUNTOS

Os "novos defuntos", de que falava o mesmo Merquior, não cessaram aí — na Geração de 45 — de assombrar Manuel Bandeira: logo viriam os concretistas. O poeta chegou a se entregar a experiências inspiradas pelo Concretismo, como vemos em "Azulejo", "Rosa tumultuada", "Homenagem a Niomar", "Homenagem a Constant Tenegaru", "O nome em si", "Flabela", "Analianeliana", "A onda" e "Verde-negro". A relação de Bandeira com os concretistas talvez não tenha sido apenas, como disse Drummond, uma "benevolência brincalhona".[74] Tentara levá-los realmente a sério, chegando a publicar artigos sobre eles, reunidos de-

[71]In: *Literatura e sociedade*. 3. ed. rev. São Paulo: Companhia Editora Nacional, 1973, p. 128.
[72]Como se lê no texto introdutório da *Antologia da nova poesia brasileira*, organizada por Fernando Ferreira de Loanda. Rio de Janeiro: Orfeu, 2. ed., 1970.
[73]*Razão do poema*, p. 33.
[74]In: *O observador no escritório*. Rio de Janeiro: Record, 1985, p. 113.

pois em *Flauta de papel* (*Poesia...*, p. 509-513), mas acabou declarando a Wilson Martins que, "tendo composto por curiosidade alguns poemas concretistas, chegara, por isso mesmo, à conclusão de que essa técnica não passava de imensa tolice, sem excluir a intenção empulhadora".[75] Numa entrevista concedida a Arnaldo Saraiva, em 1965, está clara esta *conclusão* (que envolve também os "vanguardistas" de Mário Chamie):

> O que o grupo "Práxis" e alguns concretistas estão a fazer não tem interesse para a literatura. Os concretistas pensam que exportam a sua poesia, mas é bobagem. E pensam que descobriram um poeta (Sousândrade), mas descobriram apenas uma nulidade. Eu desconfio da preocupação de pesquisar, de inventar, em poesia. Quem inventa é o gênio. E inventa, não porque queira, mas porque acontece. Como disse Picasso: "Eu não procuro, eu acho."[76]

Nos artigos de 1957 (*Poesia...*, p. 509-513, 514-516), o que se vê é o poeta tentando *simpatizar* com o movimento concretista. Vai à Exposição de Arte Concreta e diz ter-se sentido "um pouco decepcionado". Impressiona-se com a "espacialidade" dos poemas (um de Ferreira Gullar, de apenas 434 letras, toma toda uma página de jornal) e tenta explicar (ou entender) as intenções concretistas. Quando volta ao assunto (13/2, p. 511-513) é para repudiar a opinião de um leitor, que considera os concretistas "uns pândegos" e lhe envia um poema de gozação. A opinião de Bandeira sobre os "novos" é de que são

> impressionantemente sérios, a ponto de acreditarem que a sua concepção de arte poderá clarificar a consciência brasileira, melhorar a condição social do Brasil. São inteligentíssimos, cultos, viajados. São bem intencionados. Não estão querendo lançar poeira nos olhos dos trouxas para atrair a atenção e publicidade para os seus nomes.

---

[75] "Sobre Manuel Bandeira". *Homenagem... 86-88*, p. 573.

[76] "Manuel Bandeira". In: Saraiva, Arnaldo. *Conversas com escritores brasileiros*. Porto: Edição do Congresso Portugal-Brasil, ano 2000, p. 12.

Enfim, durante algum tempo Bandeira levou a sério aqueles poetas, nos quais via inúmeras virtudes.[77] Naqueles primeiros instantes de contato, a possibilidade da "intenção empulhadora", de que falaria a Wilson Martins, não lançava nenhuma sombra sobre a sua credulidade, sua puríssima boa vontade. Várias vezes se esforçou para "entender" a poesia concreta, até justificando seu "enigma" ao dizer que toda poesia é enigma (*Poesia...*, p. 531). Inteligentes, cultos, viajados, bem intencionados... Bandeira levou a tal consideração a seriedade dos rapazes que nem se deu conta do absurdo (ou da pura e simples desonestidade intelectual, ou talvez de certa idiotia) de se acreditar que umas — digamos — especulações formais poderiam até mesmo "clarificar a consciência brasileira, melhorar a condição social do Brasil"!

Imbuído de todo o seu ledo engano, limitando-se apenas a olhar, ler, ouvir, admirar, talvez não arriscando mais do que uma ou duas perguntinhas gentis, de simples curiosidade, não procurando aprofundar questões, provocar reflexões, Bandeira acabou sendo um homem de muita sorte. Porque, se tivesse tentado debater algum ponto (e ele, como se sabe, não rejeitava polêmicas), talvez saísse da exposição sem mais tanta paciência com aqueles "revolucionários". As probabilidades para que tal acontecesse eram realmente altas, como nos mostra este relato de Ferreira Gullar:

> No dia em que a exposição se inaugurou no Rio, houve à noite, na sede da antiga UNE, um debate sobre poesia concreta. Décio Pignatari era o porta-voz do grupo. Afirmou, entre outras coisas, que a poesia concreta acabava com o símbolo. Oswaldino Marques, poeta, crítico e tradutor de poesia, levanta-se e pede uma explicação: qual era o conceito de símbolo do expositor? Décio empaca, empalidece, não sabe o que

[77]Um dos seus preferidos, Ferreira Gullar, viria realmente a se realizar como poeta importante, quando já não mais concretista, preferência que atribuímos ao fato de Bandeira ter logo percebido nele um poeta sob as travessuras do "movimento". E Bandeira se esforça para compreendê-lo — como vemos, por exemplo, na crônica em que comenta *Poemas*. Mas, nas conclusões, depois de afirmar que nas intenções poéticas de Gullar é tudo "muito claro", reconhecendo a "carga de experiência" das palavras usadas no livro, Bandeira conclui que "o conteúdo dessa experiência, o sentido dessa experiência não nos é comunicado, salvo no poema 'Mar azul'". In: *Seleta de prosa*. Organização de Júlio Castañon Guimarães, 2. impres Rio de Janeiro: Nova Fronteira, p. 259-260.

> responder. Mas Oliveira Bastos vem em seu socorro e dá como definição de símbolo uma frase minha acerca da relação entre formas naturais e formas artísticas, de um ensaio que escrevera sobre a Bienal de São Paulo. Agora, quem entontece é Oswaldino e, mal se refaz do susto, os irmãos Campos estão de pé (eles eram na época quase iguais: óculos, bigode, paletó e gravata), dedo em riste: "E você que é um poeta medíocre! E você que é um péssimo tradutor!" Pobre Oswaldino, que fora ali na ilusão de debater a poesia concreta quando, na verdade, os teóricos paulistas queriam apenas aplausos.[78]

Gente inteligente, séria, culta, bem-intencionada... Aliás, o Concretismo veio a afirmar-se mesmo como uma escola capaz de tudo — agressões, maledicências, bajulações, traições, sabujices, política de controle de revistas, suplementos e departamentos universitários — para assumir o poder absoluto na República das Letras. Por algum tempo — sobretudo durante a ditadura militar (quando uma "arte" sem alma vinha bem a calhar) —, sim, conseguiu, de maneira significativa, atingir seus objetivos. Hoje, em alguns bolsões de miséria intelectual, ainda fascina trêfegos não-poetas, mas o reconhecimento da empulhação já se encontra bastante generalizado no país. Que, felizmente, não foi "salvo" por aqueles que só conseguiram produzir, em lugar de poesia, uma dolorosa evacuação de *coprólitos* — que é como o poeta Alexei Bueno classifica o resultado das truculências concretistas.

[78]Gullar, Ferreira. *Indagações de hoje*. Rio de Janeiro: José Olympio, 1989, p. 31.

Capítulo 3

A POESIA EM TUDO

Todos os assuntos são ***vitais****. Não há temas poéticos.*

Mário de Andrade: "A escrava que não é Isaura"

O morro do Curvelo, em seu devido tempo, trouxe-vos aquilo que a leitura dos grandes livros da humanidade não pode substituir: a rua.

Ribeiro Couto: "Dois retratos de Manuel Bandeira"

Como uma gentileza do morro.

Carlos Drummond de Andrade: "Morro da Babilônia"

3.1 – TEMA E ASSUNTO

Ainda menino, Manuel Bandeira já descobrira algo sumamente importante: que a poesia está em tudo,

> tanto nos amores como nos chinelos, tanto nas coisas lógicas como nas disparatadas (*Poesia...*, p. 12).

O *tema* poético, portanto, nunca existiu para Manuel Bandeira, como não existia para Mário de Andrade, que fala inúmeras vezes sobre o *tema* — e o *assunto* — na poesia. Em crítica a *Novos poemas*, de Vinicius de Moraes, observa que

> o essencial, em poesia, não é o Amor, a Vida, Deus e outras maiúsculas, mas a própria poesia, a indefinível poesia que faz a "Canção do exílio", de Gonçalves Dias, como o "Pingo de água", de Ribeiro Couto, serem igualmente essenciais. Haverá sempre o essencial na poesia que, integralmente poética, trate do rabo do gato (*O empalhador...*, p. 20).

Na primeira parte de "A escrava que não é Isaura" (*Obra imatura*, p. 194-300), Mário afirma que "a modernizante concepção de poesia" leva a dois resultados. O primeiro, respeito à liberdade do inconsciente; o segundo (que é uma "conseqüência"), destruição do assunto poético. O que não significa que a poesia ficará sem assunto — mas que tudo passa a ser assunto poético. Porque o que importa não é o *tema*, ou o *assunto*, mas o tratamento poético. Nada mais do equívoco das "idéias-poéticas" dos parnasianos. A questão do assunto poético é abordada diversas vezes n'"A escrava..." por exemplo (p. 208):

O assunto poético é a conclusão mais anti-psicológica que existe. A impulsão lírica é livre, independe de nós, independe da nossa inteligência. Pode nascer de uma réstea de cebolas como de um amor perdido. Não é preciso mais "escuridão da noite nos lugares ermos" nem "horas mortas do alto silêncio" para que a fantasia seja "mais ardente e robusta", como requeria Eurico — homem esquisito que Herculano fez renascer nos idos hiemais de um Dezembro romântico. (...) a inspiração surge provocada por um crespúsculo como por uma chaminé matarazziana, pelo corpo divino de uma Nize, como pelo divino corpo de uma Cadillac. Todos os assuntos são *vitais*. Não há temas poéticos. Não há épocas poéticas.

Na página 217 está dito que

os poetas modernistas consultando a liberdade das impulsões líricas puseram-se a cantar tudo: os materiais, as descobertas científicas e os esportes. O automóvel para Marinetti, o telégrafo para La Rochelle, as assembléias constituintes para o russo Alexandre Blox, o cabaré para o espanhol De Torre, Ivan Goll alsaciano trata de Carlito, Leonhard alemão inspira-se em Liebknecht enquanto Eliot americano aplica em poemas as teorias de Einstein, eminentemente líricas. E tudo, tudo que pertence à natureza e à vida nos interessa.

Mesmo os antigos assuntos poéticos continuavam interessando, como Mário já advertira na página 210:

Mas esta abundância de assuntos quotidianos não implica abandono dos assuntos ex-poéticos. Destruir um edifício não significa abandonar o terreno. Na poesia construir agora os "Salmos" ou "I fioretti" é errado. Mas o terreno da religião continua. Claudel escreverá "La messe là-bas"; Cendrars: "Les pâques à New-York"; Papini: "Preghiera"; João Becher: "A Deus"; Hrand Nazariantz a "Oração das virgens armênias".

Em nota de rodapé (nº 3) do ensaio sobre Castro Alves, de 1939, Mário aprofunda a questão:

> Na verdade o verdadeiro assunto da poesia é a própria poesia, quero dizer, um primeiro motor de volubilidade e independência diante do assunto, que se utiliza não só da fluidez musical da palavra, como especialmente da fluidez alógica da inteligência. Mesmo da inteligência consciente. Não tenhamos dúvida que o chamado "pensamento lógico", o devastador racionalismo, é parte mínima tanto da história do *Homo Sapiens*, como da própria vida particular de cada um de nós. Como história não tem sequer dois mil anos, cheios de interrupção e ocupando apenas a Europa e suas garras imperialistas nas outras partes da terra. Quanto à nossa vida de homens indivíduos, quem quer se observe em todos os seus "defeitos", seus "vícios", suas irrupções de instintos, seus despeitos, cóleras, sofismas e advocacias, invejas, ciúmes, hábitos, cacoetes de raciocínio, silogismos, superstições, tradicionalismos, etc, etc, sabe que numa vida de sessenta anos, computados todos os fugaces instantes verdadeiramente "lógicos", realmente mandados pela consciência racional, numa vida de sessenta anos não haverá talvez dois anos de ser lógico. Os que tiverem quatro, serão para nós os espantosos, de uma virtude e correção indesejáveis (*Aspectos da literatura...*, p. 116-117).

Se anteriormente os termos *tema* e *assunto* se confundiam, como se pode constatar em diversos momentos de "A escrava...", agora adquirem diferentes significados. No mesmo ensaio sobre Castro Alves (*Aspectos...*, p. 119) lemos a seguinte explicação:

> O assunto, em poesia, tem de ser o que é a melodia infinita em música, um elemento geral e genérico, dentro do qual os movimentos do ser vagueiam entre descaminhos, encruzilhadas, quedas em abismos, vagabundagens de sentimentos, sensações, idéias, juízos. Ao passo que o tema em poesia é a restrição do assunto a um ponto só da sua caminhada, da mesma forma que em música é um elemento curto retirado da melodia.

Em Manuel Bandeira, o tema é dominante em parte da sua obra — especialmente a parnasiana (onde se encontra, como vimos, um artesão, não um artista). Quando o artista está presente (e isto acontece em quase toda a sua produção), porém, o que soa é fruto daquela "melodia infinita". Isto, mesmo quando a tematização parece evidente. Falando de estado de poesia, de poéticas racionalizantes (que o deixavam em "estado de verificação" — o que, acrescenta, "não é o destino da arte e sim da ciência") e de catarse, Mário de Andrade exemplifica:

> (...) há quem sinta poesia ou busque base inspiradora de romance numa notícia de jornal, ou caso da vida alheia. Manuel Bandeira tem um "Poema tirado de uma notícia de jornal", que está entre os mais intensamente, mais particularmente Manuel Bandeira da sua obra. Tanto o grande poeta nosso contemporâneo, como os que "se inspiram" em notícias e dramas da vida real, além do sofrimento com dor pela infelicidade alheia, se apercebem com intensidade dinâmica criadora, do estado de catarse, de sofrimento purgatório mas sem dor, enfim, do estado estético em que estão e o realizam na obra-de-arte. O "Poema tirado de uma notícia de jornal" de fato nada tem a ver com a vida de Bandeira, nem seu estilo de poesia. Mas pela fluidez se transfere do tema ao assunto. E exatamente o tema do "Mal Secreto" de Raimundo Correia. A diferença é que este, tratando tematicamente o seu assunto, o reduziu a um dado de conhecimento lógico; ao passo que Manuel Bandeira, *apesar de muito mais realista* (pois conta sem comentário um caso), conserva a fluidez das palavras e nos dá por isso maior libertação da inteligência lógica (ib., p. 118).

Bandeira não *racionaliza* em sua abordagem: é poesia, não demonstração disto ou daquilo. Não dá lições, não conclui com qualquer *moral*. Mário de Andrade lembra "Mal secreto",[79] que reduz um assunto a "dado de conhecimento lógico". Trata-se, digamos, de um poema de *tese*. Raimundo Correia pegou um tema — os contrastes, às vezes brutais, entre o que é aparente (e geralmente plácido, se não risonho) no ser humano e suas convulsões interiores — e trabalhou racionalmente sobre ele. O leitor menos sente do que *entende* a composição. Não fala à emoção — mas ao cérebro. Aqui, como Francisca Júlia, o poeta

[79]Correia, Raimundo. *Poesia completa e prosa*. Rio de Janeiro: Aguilar, 1961, p. 135-136.

"leciona".[80] Bandeira, o que nos oferece é — sem nenhuma racionalização — a fulguração poética. Aliás, a primeira versão de "Mal secreto" (publicado em *O Boêmio*, nº 9, de 1º de outubro de 1881) mostra bem que o tema vinha sendo longamente perseguido. Se a última versão, publicada em livro (*Sinfonias*, 1883), não atingia o nível da expressão poética propriamente dita, por ser excessivamente — digamos — *demonstrativa*, a primeira é o que mais consegue ser distante da poesia, como o leitor pode constatar nas páginas 373-374 da obra citada. Onestaldo de Pennafort, que tinha horror a "Mal secreto" (embora não deixasse de admirar o autor), considerava a obra de Bandeira a "mais isenta de didatismo" da poesia brasileira, distanciando-se tanto da prosa "quanto a prosa metrificada de alguns poetas oficiais se distancia da poesia". E acrescentava:

> De tal arte, que ela poderia servir de ponto de partida para uma crítica austera da poesia brasileira, pelo processo de eliminação do antipoético, isto é, da poesia razão, da poesia didática. Não há na poesia de Manuel Bandeira sombras sequer de conceitos lógicos, de imagens puramente intelectuais, de definições, sentenças, efeitos oratórios. O verso-sentença, o grande inimigo da poesia, não tem lugar aqui (*Homenagem...* 1936, p. 153).

Enfim, Bandeira pertencia a uma geração de poetas, como diz Mário de Andrade (*Aspectos...*, p. 31), "incontestavelmente menos filosofantes que os das duas gerações espirituais anteriores (Bilac, Raimundo Correia, Amadeu Amaral, Rosalina Coelho Lisboa, Ronald de Carvalho, Hermes Fontes), porém mais em contato com a vida quotidiana (...)", o que o dispunha muito mais para a poesia do que para a racionalização, a pregação, a aula.

3.2 – UM MUNDO PARA O POETA

Em Bandeira, a poesia está em tudo e em toda parte. Sua obra se mostra repleta desta "descoberta", com poemas "retirados" ou "desentranhados" das

---

[80] V. n. 40.

mais diversas coisas ou situações — um "becozinho sujo" (*Poesia...*, p. 82), meninos carvoeiros, notícias de jornal, um cartaz de propaganda de sabonete etc.

O primeiro Bandeira (ou melhor: o primeiro Bandeira editado em livro — mas não sua primeira *natureza*, como veremos no último capítulo) é o homem dilacerado, debruçado sobre suas próprias misérias de corpo e alma, sem tempo nem disposição para mais nada. Um velho, como diz na "Carta-aberta a João Alphonsus": "Já fiz quarenta anos. (...) O pior é que nunca tive mocidade. Entre dezessete e trinta anos eu era muito mais velho do que sou hoje" (*Andorinha...*, p. 194). Tratava-se da "pior das velhices — que é a invalidez em plena adolescência" (*Poesia...*, p. 294). Aos poucos, porém, sua sensibilidade ampliava os horizontes. Livro após livro, enquanto amadurecia e sentia mais confiança em sua capacidade de resistir à doença, o poeta mais e mais se vai abrindo para o mundo, para paisagens e dores que não são só as do seu "mau destino". Assim, ele alcança o que Mário de Andrade denominou "interesse geral", sobre o qual discorre, na crítica a *Libertinagem*, partindo do individualismo bandeiriano:

> (...) se dá mesmo uma luta permanente entre essa essência "intratável" do indivíduo Manuel Bandeira e o lírico que tem nele. Vem disso o dualismo curioso que a gente percebe nas obras dele, passando de jogos com valor absolutamente pessoal, duma detalhação por vezes pueril (no sentido etimológico da palavra), difícil de compreender ou de sentir com intensidade pra quem não privou com o homem, a concepções profundas, duma beleza extremada e interesse geral. Interesse em que não entra mais o conhecimento pessoal do poeta, ou coincidência psicológica com ele. As melhores obras do poeta, "Andorinha", "O anjo da guarda", "A Virgem Maria", "Evocação do Recife", "Teresa", "Noturno da Rua da Lapa", pra citar apenas o *Libertinagem*, são as poesias em que por mais pessoais que sejam assuntos e detalhes, mais o poeta se despersonaliza, mais é toda a gente e menos é caracteristicamente ritmado. A própria "Evocação do Recife" que atinge o recesso da família chamada nominalmente (Totônio Rodrigues, dona Aninha Viegas), é bem a maneira por que toda a gente ama o lugarinho natal. Em duas poesias, que agora cito: "Poema de Finados" e "Vou-me embora pra Pasárgada",

> o poeta se generaliza tanto, que volta aos ritmos menos individualistas da metrificação, como já fizera nas cantigas dos "Sinos" e do "Berimbau", no *Ritmo dissoluto* (*Aspectos...*, p. 29-30).

Se Bandeira, no início, tanto comovera com seu "mau destino", aos poucos foi atingindo um valor muito mais amplo, do referido "interesse geral". O poeta era o mesmo, do mesmo e alto lirismo, mas sua voz se tornava mais abrangente. Não apenas vivia e revolvia seu próprio drama (doença, solidão, desesperança, perda dos entes queridos, alma sempre — no mínimo — crepuscular): doava seu lirismo também ao mundo, às aventuras e desventuras de outros seres humanos. Era como um retorno à infância, tempo luminoso anterior ao "mau destino", quando descobrira, como vimos, que a poesia está em tudo. Não se perdia nada da força da pungência, mas havia menos amargura e aparecia, cada vez com maior freqüência, o humor. Um humor que era, segundo Rodrigo M. F. de Andrade, uma "resistência" que a razão do poeta oferecia ao seu impulso lírico, o "produto do choque entre a torrente de seu lirismo e o sistema de barragem constituído pelo senso implacável que ele tem da realidade objetiva" (*Homenagem...*, 1936, p. 212). Um humor que, se podia ser suave, como no "Madrigal tão engraçadinho", ou comicamente desconcertante, caso de "Namorados", às vezes era doloroso, implacável mesmo, como em "Conto cruel".

Ainda em *Aspectos...* (p. 32), Mário de Andrade diz que talvez seja uma "ironia da sorte" o fato de "esse grande lírico tão intratavelmente individualista" ser "tanto maior poeta quanto menos Manuel Bandeira...". Esse "menos Manuel Bandeira" deve, porém, ser lido com cautela: é mais a ampliação do mundo poético do que uma *despersonalização*. Recordemos que, meses antes (25/05/1930), agradecendo o envio de *Libertinagem*, Mário escreve a Bandeira estas palavras:

> (...) uma coisa quero desde logo dizer: você teve a força de conseguir finalmente o que mais desejou na sua poesia, e isso deve ser infinitamente agradável prum artista, imagino... Atingiu um depuramento que me parece impossível ser mais. Seu livro é alma e alma só. Não posso me resolver a chamar isso de poesia. Mas nomes e concepções estéticas não

têm importância nenhuma, diante da verdade e me parece absolutamente certo que jamais você foi tão exclusivamente você como no lirismo absoluto de Libertinagem. Um grande abraço por essa vitória.

A irresolução quanto a chamar "isso" de poesia se devia, claro, à diferenciação que Mário fazia entre poesia e lirismo. Mas o que vem a seguir é outra coisa, pois Mário põe de lado "nomes e concepções estéticas" para enunciar uma "verdade": Bandeira nunca tinha sido antes tão *exclusivamente* ele. De fato, o "interesse geral" não afasta Bandeira de si mesmo. Se o seu espaço poético se amplia, tal ampliação nada tem de perda de essência. Ele pode ser *menos* o menino ferido pelo "mau destino", porém jamais é *menos* o poeta Manuel Bandeira com a sua peculiar sensibilidade. Em suma, é o próprio Manuel — numa vida que não é mais a do moço inválido, batido pelo hálito da morte, mas a do homem maduro que descobre a possibilidade de viver como os demais homens, fazer parte da vida comum de todos. Na crônica "Variações sobre o passado" (*Poesia...*, p. 294), diz ele que "a vida pode ser às vezes um jogo de compensações: a minha foi de sentir renascer-me as forças na idade em que o comum dos homens sofrem a primeira queda no tono vital". De fato: os primeiros poemas publicados em livro eram *de velhice*: desalento, desencanto, distância da vida, presença sufocante da morte. Os outros, da maturidade, são cheios de vida pulsante e participação nos tumultos do mundo. Como se o poeta tivesse feito o caminho inverso: da velhice para a juventude. Porque, de fato, ele caminhou da invalidez para a possibilidade de participar da vida — o que, como já foi dito, veremos mais detidamente no capítulo final.

Assim, o "interesse geral" não nasce de uma mera opção estética, simples atitude *modernista*: é resultante daquele "jogo de compensações". Não houvesse uma mudança em suas condições de vida, que lhe passaram a permitir participação ativa no cotidiano, dificilmente o poeta se sairia tão bem em suas libertinagens literárias. Foram-lhe fundamentais as lições de rua, como está dito no *Itinerário de Pasárgada*:

> A Rua do Curvelo ensinou-me muitas coisas. Couto [Ribeiro Couto] foi avisada testemunha disso e sabe que o elemento de humilde cotidiano que começou desde então a se fazer sentir em minha poesia não re-

sultava de nenhuma intenção modernista. Resultou, muito simplesmente, do ambiente do morro do Curvelo (*Poesia...*, p. 51).

Bandeira passa a citar, de forma fragmentária, trecho do discurso com que o recepcionara Ribeiro Couto na Academia Brasileira de Letras — observações que aqui preferimos transcrever sem as eliminações do poeta:

> Se a vida "é amarga e triste, e ao cabo dói mais do que tudo", ainda assim vale a pena. Foi o que vos revelou o morro do Curvelo. Das vossas amplas janelas, tanto as do lado da rua, em que brincavam crianças, como as do lado da ribanceira, com cantigas de mulheres pobres lavando roupa nas tinas de barrela, começastes a ver muitas coisas. A ouvir também muitas coisas: ao longe, no tumulto confuso que vinha do Catete, da Glória e do Flamengo, a maravilhosa "sinfonia da vida civil". Entrando na vossa alma, dando-se, pedindo para ser amado, o morro do Curvelo entrava, humilde, na poesia brasileira. Como de um território mágico, tomastes posse do quotidiano. A poesia não estava só em vós, estava também naquilo que o mundo de em torno vos oferecia. O quotidiano também tem a sua santidade e a sua sublimidade. Até então a vida vos vinha "através dos livros e dos jornais", por causa do ascetismo da forçosa prisão, o quarto do "menino doente". O morro do Curvelo, em seu devido tempo, trouxe-vos aquilo que a leitura dos grandes livros da humanidade não pode substituir: a rua (*Dois retratos...*, p. 74-75).

Em "De menino doente a rei de Pasárgada", de 1936, Ribeiro Couto já integrava o morro do Curvelo — como lembra Elvia Bezerra — à tradição literária brasileira:[81]

> O morro do Curvelo entrava, sem saber, na tradição literária. Um grande poeta ali morava: ali tomaria contato com a vida popular, observando, morro abaixo, os quintais efervescentes da rua Cassiano; ali permaneceria os melhores anos e os mais fecundos de sua criação poética (*Dois retratos...*, p. 20).

[81]Bezerra, Elvia. *A trinca do Curvelo*. Rio de Janeiro: Topbooks, 1995, p. 20.

O morro ganhava um poeta — e o poeta ganhava um mundo. Na verdade, Bandeira já morara antes em Santa Teresa. Tinha pouco mais de 20 anos (1908) e retornava de Quixeramobim, no Ceará, onde buscara — e encontrara — clima favorável à saúde. A família do poeta, segundo nos conta Elvia Bezerra (p. 20-21), morou ali até 1912, quando se mudou para o Leme. Entre 1913 e 1914 Bandeira fez tratamento no sanatório de Clavadel, e em 1916, com a morte da mãe, foi com a família morar no Hotel Bellevue, que ficava no Curvelo e que o poeta descreveu, em carta a Antenor Nascentes, como um "bom hotel, velha casa, em frente de uma linda vista sobre a barra, recanto sossegado cheio de ingleses" (*Poesia...*, p. 1.383). Elvia Bezerra nos informa ainda (p. 22) que algum tempo depois a família de Bandeira voltou a morar em Santa Teresa, na rua do Triunfo nº 37, casa em que morreria o pai do poeta, doutor Souza Bandeira. A partir daí, da perda do pai, o poeta passaria a se sentir "definitivamente só", como lemos no *Itinerário...*:

> A morte de meu pai e a minha residência no morro do Curvelo de 1920 a 1933 acabariam de amadurecer o poeta que sou. Quando meu pai era vivo, a morte ou o que quer que me pudesse acontecer não me preocupava, porque eu sabia que pondo a minha mão na sua, nada haveria que eu não tivesse a coragem de enfrentar. Sem ele eu me sentia definitivamente só. E era só que teria de enfrentar a pobreza e a morte.

Mas o texto prossegue, mostrando que essa solidão era bastante habitada, tumultuosa, rica de memórias e de criação poética:

> Quanto ao morro do Curvelo, o meu apartamento, o andar mais alto de um velho casarão quase em ruína, era, pelo lado dos fundos, posto de observação da pobreza mais dura e mais valente, e pelo lado da frente, ao nível da rua, zona de convívio com a garotada sem lei nem rei que infestava as minhas janelas, quebrando-lhes às vezes as vidraças, mas restituindo-me de certo modo o meu clima de meninice na Rua da União em Pernambuco. Não sei se exagero dizendo que foi na Rua do Curvelo que reaprendi os caminhos da infância. Lá escrevi quatro livros, três de poesias — *O ritmo dissoluto, Libertinagem*, e quase toda a *Estrela da manhã*, e um de prosa — as *Crônicas da província do Brasil* (*Poesia...*, p. 52).

Definitivamente só o poeta poderia, sim, sentir-se interiormente, sobretudo nos primeiros tempos após a morte do pai, mas logo esse interior começou a ser invadido pelos movimentos, sons e cores do mundo que ele passava a habitar e que, em conseqüência, passaria a habitá-lo. E com tanta força, que o levaria a *reaprender* os caminhos da infância. E a poesia que nasce desse encontro do poeta com o mundo, particularmente o mundo da pobreza "mais dura e mais valente", é uma poesia que cresce, se espraia e aprofunda no "interesse geral".

3.3 – VERSO, RITMO, HUMANIDADE

Manuel Bandeira foi o primeiro a dominar o verso livre entre nós. *O ritmo dissoluto*, primeiro livro escrito no Curvelo, já o mostra no exercício do verso livre e de outros procedimentos modernos. O que começara bem antes, como observara Mário de Andrade e relembramos no fim do Capítulo 1. Bandeira dizia ser *O ritmo dissoluto* um livro "de transição" (*Poesia...*, p. 62), e podemos acrescentar que se trata tanto de uma transição estética quanto, digamos, existencial.

Um dos maiores críticos dessa "transição" foi Adolfo Casais Monteiro, a quem *O ritmo dissoluto* causou "mal-estar". Dizendo que "embora nas suas páginas pareça afirmar-se quase definitivamente a nova orientação da poesia de Manuel Bandeira" (ou seja: sua adoção do verso livre e linguagem mais coloquial, moderna), essa "afirmação carece de personalidade, salvo numa ou noutra nota, num ou noutro poema", pois, tendo o parnasiano quebrado definitivamente "o seu instrumento de cordas de bronze", o que lhe ficara nas mãos não era um instrumento — mas apenas pedaços com que o haveria de construir. E Casais Monteiro prosseguia neste tom:

> Em *O ritmo dissoluto* muitas são as poesias sem ritmo de espécie alguma; mais do que ritmo dissoluto, portanto. Mas a maioria delas oscila entre a notação sucessiva de impressões desagregadas umas das outras e a repetição de certos temas já *cansados*, em que a nota da melancolia se entrelaça com a da volutuosidade, mas "sem poder de convicção". Há neste livro não sei o que de morno, de abatido e indiferente:

> indiferença à poesia como à vida, ausência daquela ressonância aguda, ou profunda, que é o sinal de que a poesia desceu sobre o poema. Em suma, *O ritmo dissoluto* aparece-me como uma interrupção da poesia — ressalvadas as exceções de alguns poemas — entre duas fases, entre dois *momentos* de criação.[82]

Casais Monteiro não dá exemplos das "exceções" que destoariam da mornidão, do abatimento, da indiferença à poesia e à vida que, a seu ver, caracterizariam o livro. Segundo *minha* leitura, tais "exceções" compreenderiam o livro por inteiro... E só me ocorreriam duas *possíveis* exceções a essa plenitude poética: "Balada de Santa Maria Egipcíaca" e "A vigília de Hero". E não propriamente por mornidão, abatimento, indiferença à poesia e à vida, mas pelo distanciamento daquela "experiência", daquele "eu sou" de que falava Mário de Andrade.

A crítica tocou Bandeira, que tentou se defender algumas vezes. Diz, por exemplo, no *Itinerário de Pasárgada*, que se trata de um livro de transição para a

> afinação poética dentro da qual cheguei, tanto no verso livre como nos versos metrificados e rimados, isso no ponto de vista da forma; e na expressão das minhas idéias e dos meus sentimentos, do ponto de vista do fundo, à completa liberdade de movimentos, liberdade de que cheguei a abusar no livro seguinte, a que por isso mesmo chamei *Libertinagem* (*Poesia...*, p. 63-63).

Mas foi uma defesa tão tímida, tão *respeitosa*, que ele chega a se confundir ao tentar rebater a acusação de falta de ritmo — quando afirma que "dois pelo menos dos poemas de *O ritmo dissoluto* não são dissolutos de ritmo: 'Noite morta' e 'Berimbau'". Abordando alguns aspectos da arte poética de Bandeira, Emanuel de Moraes chama a atenção para um fato importante: Casais Monteiro, falando de poemas "sem ritmo de espécie alguma", e Bandeira, apontando dois poemas não "dissolutos de ritmo", estão assimilando "demasiadamente o con-

---

[82]Monteiro, Adolfo Casais. *Figuras e problemas da literatura brasileira contemporânea*. São Paulo: USP/IEB, 1972, p. 105-106.

ceito de ritmo ao de métrica". Tanto assim que, argumenta Moraes, o poeta faz aquela referência que vimos a respeito do poema "Noite morta" — o qual, "embora em versos livres", era sentido por ele, na forma, "bem mais necessariamente inalterável" do que os seus poemas "de metro cuidadosamente construído" (*Homenagem... 86-88*, p. 175).

Tal constatação era, repetimos, um *alumbramento*, porém a crítica de Casais Monteiro acabou desorientando o poeta. Escreve Emanuel de Moraes:

> Manuel Bandeira não teria se apercebido de que a tese antipoética do crítico português o levava a se defender associando verso livre e dissolução de ritmo. Ora, se *dissoluto* equivalesse a "desmetrificado", poder-se-ia aceitar o sentido que o crítico emprestou ao título do livro, mas ter-se-ia que aceitar também a tese de existir poesia sem ritmo nenhum — mais do que dissoluta — só porque realizada em versos livres. Desse modo, poesia-metrificada seria igual a ritmo não-dissoluto, poesia-mais-ou-menos-metrificada seria igual a ritmo-dissoluto, e poesia-em-versos-livres seria igual a poesia-sem-ritmo-algum. Evidentemente, uma teoria inaceitável; e não a adotaria Manuel Bandeira, que compreendia não existir poesia sem ritmo e que bem sabia não depender o ritmo exclusivamente da metrificação, sendo esta uma das formas por que ele se manifesta, mas não a única, nem a mais importante (id., ib.).

Outra afirmativa altamente questionável de Casais Monteiro é quanto à temática do cotidiano, que começa a aparecer com força na poesia de Bandeira. Segundo o crítico, "as cada vez mais numerosas intrusões do cotidiano nos seus versos têm ainda um caráter puramente anedótico. Falta-lhes a repercussao de um sentido íntimo, sem o qual ficam como que despegadas umas das outras".

Tenho dúvidas quanto ao que ele quer dizer com "repercussão de um sentido íntimo" (às vezes a crítica consegue ser mais *indefinível* do que a poesia...), mas tachar de "anedóticos" poemas como (creio que era a esses que ele se referia) "Meninos carvoeiros", "Na Rua do Sabão" e "Balõezinhos" é, no mínimo, descabido. São, os três, densos de humanidade. E marcam, ainda, um novo olhar do poeta — dirigido, como disse Carpeaux, para "as realidades sociais e a geografia humana do Brasil".[83] E mais do que do Brasil, pois esse novo olhar não conhece fronteiras: o que ele vê é a condição humana. Manuel Bandeira, enfim, está na rua, que é, como disse Ribeiro Couto, "aquilo que a leitura dos grandes livros da humanidade não pode substituir" (ob. cit., p. 75). Na rua, pois, se encontrava Manuel Bandeira. Ou seja: no mundo.

E o mundo começa a se derramar em seus poemas. No capítulo "Poema desentranhado", Davi Arrugucci Jr. escreve que ao

> meter as mãos na matéria impura do mundo — ganga bruta de onde desentranhar o metal nobre e raro da poesia — o poeta se afastava de fato da esfera elevada onde tradicionalmente se situava o poético; o nobre e raro produto do espírito de alguma forma, para ele agora, jaz entranhado no chão do cotidiano (*Humildade...*, p. 92).

Isto tanto se dava quanto ao poema desentranhado de notícia de jornal como da vida da rua. De onde saem os meninos carvoeiros (*Estrela...*, p. 92-93) para o universo da poesia. Este poema, cena de um cotidiano de pobreza e desesperança, é o primeiro testemunho do "novo olhar" do poeta. "Pequenina, ingênua miséria" de crianças raquíticas, velhinha que recolhe restos de carvão "dobrando-se com um gemido", burros "magrinhos e velhos". Findo o trabalho, os meninos retornam

> ...mordendo num pão encarvoado,
> Encarapitados nas alimárias,
> Apostando corrida,
> Dançando, bamboleando nas cangalhas como espantalhos
> desamparados!

Os meninos trabalham como se estivessem brincando (*Adoráveis carvoeirinhos que trabalhais como se brincásseis!*), mas o poeta percebe o que há de triste e desesperançado nessa brincadeira. Percebe, nesses meninos, a tragédia que os assemelha a *espantalhos desamparados*. Tragédia de que os meninos car-

[83]Carpeaux, Otto Maria. "Notícia sobre Manuel Bandeira". In: Bandeira, Manuel. *Apresentação da poesia brasileira*. Rio de Janeiro: Ediouro, s/d, p. 11.

voeiros não podiam ter consciência, não pelo menos enquanto meninos. Como, em "Na Rua do Sabão" (*Estrela...*, p. 98), consciência da própria desgraça certamente não tinha o filho da lavadeira, o José:

> Um que trabalha na composição do jornal e tosse muito.

Ele comprou o papel de seda, cortou-o, construiu o balão. Que, apesar dos gritos de *Cai cai balão!*, tomou força e subiu, pondo-se acima dos assobios, vaias e pedradas da molecada.

> E foi subindo...
> para longe...
> serenamente...
> Como se o enchesse o soprinho tísico do José.

José tossia muito.[84] Era o "mau destino" — e sem quaisquer recursos de alimentação, médicos, remédios, Quixeramobim, Clavadel. Era José, também, e ainda mais tragicamente, um espantalho desamparado. O balão cumpriria sua vida, só indo cair muito longe, "nas águas puras do mar alto", mas o menino ficaria por ali mesmo, cada vez mais sem fôlego, mais perto do chão.

Infâncias pungentes surgem também no poema "Balõezinhos".

> Na feira-livre do arrabaldezinho
> Um homem loquaz apregoa balõezinhos de cor:
> — "O melhor divertimento para as crianças!"
> Em redor dele há um ajuntamento de menininhos pobres,
> Fitando com olhos muito redondos os grandes balõezinhos muito redondos.

A feira "burburinha", há muita gente, ofertas de todo tipo, mas os menininhos só vêem os balõezinhos:

---

[84]Mário, na carta de 29 de dezembro de 1924, quando discutia com Bandeira a "sinceridade" de certos poemas, falaria de sua emoção ao ver o poeta dar "disfarçadamente" a sua tísica ao José. A discussão Mário/Bandeira é enfocada adiante, no Capítulo 5.

> Sente-se bem que para eles ali na feira os balõezinhos de cor são a única mercadoria útil e verdadeiramente indispensável.

Mercadoria que é um sonho, um sonho distante, impossível. Os meninos são muito pobres, tudo o que podem fazer é ficar, em torno do homem, fitando os balõezinhos num "círculo inamovível de desejo e espanto". Meninos diante de uma vida em que não só as maravilhas se mostravam inacessíveis, como até as mais humildes perspectivas se anunciavam duras, plenas de ameaças.

Felizmente, porém, dos meninos que Bandeira conhecera no Curvelo, e que às vezes lhe "esbodegavam" a porta, a maioria escapou de morte precoce e envolvimento com a criminalidade. Entre os que freqüentavam as imediações do poeta, há apenas o relato de uma morte na infância: a de Panaco. Bandeira conta:

> Criado nu na rua. Uma saúde de ferro e já andava. Era a borboleta do Curvelo. Sarampo bateu nele. A mãe estava no emprego. Os irmãos entenderam de lavar o quarto. Panaco apanhou um resfriado, e lá se foi para a trinca dos anjinhos de Nosso Senhor! (*Poesia...*, p. 196).

Na crônica "A trinca do Curvelo" (*Poesia...*, p. 193-196), assim Bandeira se refere ao grupo como um todo:

> Os piores malandros da terra. O microcosmo da política. Salvo o homicídio com premeditação, são capazes de tudo — até de partir as vidraças das minhas janelas! Mentir é com eles. Contar vantagem nem se fala. Valentes até na hora de fugir. A impressão que se tem é que ficando homens vão todos dar assassinos, jogadores, passadores de notas falsas... Pois nada disso. Acabam lutando pela vida, só com a saudade do único tempo em que foram verdadeiramente felizes.

E assim foi. Apenas mais uma morte — até a crônica "A antiga trinca do Curvelo", de *Flauta de papel* (*Poesia...*, p. 338-340) — é registrada: a de Ernani, que de 15 em 15 dias encerava o apartamento do poeta na Lapa e dava-lhe notícias da Trinca. Tuberculoso, Ernani foi visitado, já perto do fim, pelo poeta, que disse vê-lo sofrer "sem nenhum sentimentalismo". Um episódio ocorrido durante a visita vale a pena ser transcrito, para ilustrar o caráter daquela juventude que tanto espantava e encantava o refinado e pacífico Manuel Bandeira:

> Em certo momento a irmãzinha, um anjo louro, não soube acudir-lhe a tempo com a escarradeira. — "Dá um bofetão nessa burra!" gritou o quase moribundo para o irmão Álvaro. A trinca era assim. Dois dias depois morreu.

O prognóstico otimista da crônica anterior se cumpriu. Um dia, passando na Avenida Rio Branco, o poeta encontrou o Álvaro, vendedor de bilhetes de loteria e jogador de futebol, com 21 anos de idade. E Álvaro lhe deu notícias da Trinca. A primeira, ruim: Lenine (o preferido do poeta) enlouquecera; as outras, boas: Encarnadinho, alfaiate na Lapa; Malaca, ajudante de alfaiate; Culó, aviador; Orlando e Rafael, cadetes do exército; Piru Maluco e Arlindo, gráficos; Zeca Mulato, depois de sapateiro, datilógrafo; Bacurau, investigador; Ademar, lutador de boxe e luta livre... "Nenhum se perdeu. Nenhum tem nota de culpa na polícia", escreve Bandeira.

"Nenhum se perdeu"... Claro que, de certa forma, todos eles se perderam. Quer dizer: a exclusão social não permitiu que se *achassem* plenamente. Se, saindo da pobreza, da falta de quase tudo, conseguiram se situar dignamente no meio social, o que não conseguiriam se tivessem tido melhores oportunidades? Mas, felizmente, o pior (e até o mais provável) — o crime — não manchara suas vidas, o que deixava aliviado o poeta, que gostava realmente daquela Trinca: "Tenho saudades desses meninos", suspira ele na abertura do último parágrafo da crônica.

É a rua — o mundo — se derramando na poesia de Manuel Bandeira. E essa presença se aprofunda e se alastra nos livros seguintes, revelando outros aspectos da condição humana e social, momentos do cotidiano, chegando até a manifestações de caráter político. Em *Libertinagem*, encontramos o registro do cotidiano com "Camelôs"; o drama humano em "Poema tirado de uma notícia de jornal"[85] e "Noturno da Parada Amorim"; e o enfoque de lugares em "Mangue", "Belém do Pará" e "Evocação do Recife", este uma obra-prima mnemônica. Em *Estrela da manhã*, encontramos a constatação da realidade imediata, agressiva, em "Poema do beco"; o fato do cotidiano (um cartaz de propaganda) em "Balada das três mulheres do sabonete Araxá";[86] os versos repletos de poderosas sugestões de angústia, violência e poder de "Trucidaram o rio"; e o drama humano em "*Chanson des petits esclaves*", "Tragédia brasileira" e "Conto cruel". Em *Lira dos cinquent'anos*, encontramos o belo e digno "O martelo", cheio de coragem e confiança na vida, além da dramática "Canção da Parada do Lucas". Parada em que o trem, se parasse, daria ao poeta a oportunidade de pedir *à Noite/ Dois seios intactos*, ou ir *aos mangues/ Dormir na escureza/ Das águas defuntas*. Mas o trem não pára:

> Nada aconteceu
> Senão a lembrança
> Do crime espantoso
> Que o tempo engoliu.

Que crime terá sido? Um "espantoso", diz a canção. E a seguir: "Que o tempo engoliu". Mas o tempo não consegue engolir esse crime, não depois

---

[85]No ensaio "Poema desentranhado", (in: *Humildade, paixão e morte*, cit.), Davi Arrugucci Jr. estuda com profundidade e amplitude o "Poema tirado de uma notícia de jornal". Ele observa, por exemplo, que aquela notícia de uma morte, quando transformada em poema, "vira um caso ambíguo num presente intemporal, recontando indefinidamente o instante final do destino dramático e inexplicável de um pobre-diabo, renovando sempre o convite à nossa compreensão. Um poema desentranhado, para nossa surpresa, como uma semente, sempre capaz, em seu contido segredo, da prodigiosa germinação" (p. 90).

[86]Bandeira explica assim, No *Itinerário...*, a "Balada das três mulheres do sabonete Araxá": "O poema foi escrito em Teresópolis, depois de eu ver numa venda o cartaz do sabonete. É, claro, uma brincadeira, mas em que, como no caso do anúncio 'Rondó de efeito' (*Mafuá do malungo*), pus ironicamente muito de mim mesmo. O trabalho de composição está em eu ter adequado às circunstâncias de minha vida fragmentos de poetas queridos e decorados em minha adolescência — Bilac, Castro Alves, Luís Delfino, Eugênio de Castro, Oscar Wilde. Fiz de brincadeira o que Eliot faz a sério, incorporando aos seus poemas (e convertendo-os imediatamente em substância eliotiana) versos de Dante, de Baudelaire, de Spencer, de Shakespeare etc." (*Poesia...*, p. 83). Análise profunda deste poema é feita por Sônia Brayner em "O 'humour' Bandeiriano ou As histórias de um sabonete". In: *Manuel Bandeira*, cit., p. 340-345.

que ele foi posto no poema — pois continua ecoando a cada leitura. Como o afogamento do "Poema tirado de uma notícia de jornal" e, como ele, segundo as palavras de Arrigucci, sempre em estado de "germinação". Mas numa condição maior de dramaticidade que a da história do afogado, pois, não especificado, em estado de mistério, e magnificado pelo adjetivo ("espantoso"), esse crime fica sonhando em nós uma infinidade de possibilidades e pesadelos.

O homem que, neste mesmo livro, em "Testamento", dizia não saber fazer versos "de guerra", adversário feroz de todo engajamento político, particularmente do realismo socialista,[87] não deixou de se indignar com a miséria, como vemos em "O bicho" (p. 196), nem de elevar seu protesto diante dos crimes contra a liberdade e a justiça. O poema "No vosso e em meu coração" (p. 190) tem tom emocionado:

> Espanha no coração:
> No coração de Neruda,
> No vosso e em meu coração.
> Espanha da liberdade,
> Não a Espanha da opressão.
> Espanha republicana:
> A Espanha de Franco, não!
> Velha Espanha de Pelaio,
> Do Cid, do Grã-Capitão!
> Espanha de honra e verdade,
> Não a Espanha da traição!
> Espanha de Dom Rodrigo,
> Não a do Conde Julião!
> Espanha republicana:
> A Espanha de Franco, não!
> Espanha dos grandes místicos,

[87]No *Intinerário...*, recordando Paul Éluard, seu companheiro de Clavadel, escreveu Bandeira: "Fio que o seu talento poético, bastante pessoal e tão aristocrático (toda a sua obra o atesta), jamais se sujeitará à boçal estética imposta pelo comunismo russo aos seus escravos" (*Poesia...*, p. 41).

Dos santos poetas, de João
Da Cruz, de Teresa de Ávila
E de Frei Luís de Leão!
Espanha da livre crença,
Jamais a da Inquisição!
Espanha de Lope e Góngora,
De Góia e Cervantes, não
A de Filipe Segundo
Nem Fernando, o balandrão!
Espanha que se batia
Contra o corso Napoleão!
Espanha da liberdade:
A Espanha de Franco, não!
Espanha Republicana,
Noiva da revolução!
Espanha atual de Picasso,
De Casals, de Lorca, irmão
Assassinado em Granada!
Espanha no coração
De Pablo Neruda, Espanha
No vosso e em meu coração!

Ao repúdio à Espanha franquista juntou-se, embora com muito mais leveza, a rejeição à ditadura de Salazar. Está no poema "Craveiro, dá-me uma rosa" (p. 364), quando ele se dirige ao general português Craveiro Lopes, enviado do ditador ao Brasil. Parafraseando os versos de uma cantiga infantil citada em "Evocação do Recife", de *Libertinagem* —

Roseira dá-me uma rosa
Craveiro dá-me um botão

—, pede-lhe inicialmente "Craveiro, dá-me uma rosa" e, na segunda estrofe, recomenda-lhe:

Não me dês rosa de sal.
Não me dês rosa de azar.
Não me dês, Craveiro, rosa
Dos jardins de Salazar!

A ditadura salazarista era hedionda, uma sobrevivência do nazi-fascismo, como a ditadura de Franco na Espanha, porém a imprensa brasileira, principalmente as grandes revistas coloridas, preferiam mostrar a beleza dos jardins públicos portugueses, sugerindo aos leitores que a vida em Portugal era um mar de rosas...

Capítulo 4

POÉTICAS REVOLUCIONÁRIAS

Só não fui claro quando não pude — fosse por deficiência ou impropriedade de linguagem, fosse por discrição.

"Itinerário de Pasárgada" (*Poesia...*, p. 82)

— *Não quero mais saber do lirismo que não é libertação.*

"Poética"

O poema deve ser como a nódoa no brim:
Fazer o leitor satisfeito de si dar o desespero.

"Nova poética"

4.1 – O FORMALISMO NO BREJO

A primeira manifestação de crítica estética bandeiriana, em forma de poema, foi "Os sapos", cujas "alfinetadas", segundo Bandeira, foram mais dirigidas contra "certos ridículos do post-parnasianismo" (*Poesia...*, p. 48), tendo nascido também da vontade de "aproveitar poeticamente um achado folclórico: 'Meu pai foi à guerra! Não foi! Foi! — Não foi!'", como declarou na citada entrevista a Paulo Mendes Campos. Sempre atento às fontes do folclore, assim como sensível à onomatopéia, Bandeira não poderia resistir ao "bate-boca da saparia",[88] que acabou se transformando em crítica ácida ao parnasianismo. Parnasianismo, aliás, que se faz componente do texto-crítica, o que é observado por Joaquim-Francisco Coelho: após se referir aos recursos parnasianos satirizados pelo poeta, observa que

> esses e outros recursos — o batráquio do decadentismo, o rimário simbolista (penumbra/deslumbra), o léxico do Parnaso (primor, lavor, frumento sem joio), etc. — constituem elementos estruturantes de "Os sapos", espécies de poética *à rebours* que se fabrica com aqueles mesmos princípios e ingredientes que ela própria recusa e satiriza, mediante um processo de reversão irônica já meio contaminado pela atitude vanguardista.[89]

Segundo Wilson Martins, os "Sapos" só parecera "modernista" porque "se havia antecipado à rejeição da estética parnasiana, mas Bandeira o escrevera em perspectivas inteiramente diversas, a partir da sua sensibilidade neo-simbolista naquele momento", sendo o poeta, então, "uma voz mais

---

[88]Mário de Andrade também aproveitou o bate-boca no poema "Anhangabaú", de *Paulicéia desvairada.*

[89]*Manuel Bandeira,* cit., p. 322.

'passadista' que 'modernista' (para lembrar o vocabulário que entrou em moda nos anos 20)".[90]

Análise particularmente acurada e exposta com limpidez é a de José Carlos Garbuglio, que assim escreve sobre "Os sapos":

> Trabalhando com instrumentos fornecidos pelo Parnasianismo, o poema reforça a capacidade destrutiva porque rói por dentro a matéria indesejável. Ao insistir na voz dos sapos como eco de outra voz, o poema cria no seu interior um sistema de repetição, destituído de força ou poder criador, deixando no próprio verso a marca da fadiga. Deste modo se esclarecem as razões da agressão: os seguidores dos parnasianos nada mais faziam que repetir o que viam e ouviam sem originalidade nem força, num hábito sovado até a exaustão.
>
> Agressivo e corrosivo, o poema se torna tanto mais cruel no modo de escolha das palavras, selecionadas com intenção claramente sarcástica, a começar pelo título do poema: sapo, papo, berra, aterra, guerra, martelado, comer hiatos, saparia, urra, tripas, com os quais cria um mecanismo cuja finalidade é desmascarar a linguagem supostamente nobre. Com este recurso demonstra a perda de vitalidade daquele linguajar, ao mesmo tempo em que busca um jeito de recuperar a voz lírica diluída no uso abusivo de esquemas que esvaziaram a palavra e anularam suas potencialidades.

Depois de observar a inversão do "sentido dos termos" produzida pela paródia, o que acarreta um "efeito de limpeza" e "origina o movimento de retomada da voz lírica", Garbuglio prossegue:

> (...) convenção em arte é igual a convenção em sociedade. Ambas têm a finalidade de guiar conforme o uso, devido ou indevido. Ao corroer a convenção poética pelo espírito satírico do poema, Bandeira está ao mesmo tempo se insurgindo contra a prática que lhe dá sustentação. Amesquinhada e diminuída, a voz lírica reage às imposições que lhe

[90]Martins, Wilson. "Sobre Manuel Bandeira". Rio de Janeiro: *Jornal do Brasil*, 28/9 e 5/10/1986. In: *Homenagem...86-88*, p. 574.

maculam a pureza e reclama seus direitos. Neste caso, nada melhor do que a paródia, com seu poder dissolvente, para desobstruir a área, livrando-a das impurezas que se foram depositando ao longo do tempo até ao ponto de sepultar aquela voz ou fazê-la soluçar à margem do seu curso como o sapo-cururu, metáfora da voz lírica, a entoar seu canto solitário, afastado da grita coletiva para poder preservar-se. Assim, o canto adquire novas forças e reconquista o lugar que é seu, toca fundo a emoção e recupera a poesia que havia desaparecido dos versos.[91]

É óbvio que Bandeira parodia, n' "Os sapos", a "Profissão de fé",[92] de Bilac, mas duas "carapuças" eram endereçadas a Hermes Fontes e a Goulart de Andrade. O primeiro, no prefácio de *Apoteoses*, sublinhara o fato de não haver nos seus versos rimas de palavras cognatas, merecendo do poeta esta ironia em "Os sapos":

O sapo-tanoeiro,
Parnasiano aguado,
Diz: — "Meu cancioneiro
É bem martelado.

Vede como primo
Em comer os hiatos!
Que arte! E nunca rimo
Os termos cognatos.

Goulart de Andrade, por sua vez, conta Bandeira (*Poesia...*, p. 48), publicara poemas em que adotara a rima francesa com consoante de apoio (a consoante que precede a vogal tônica da rima), mas "nunca tendo ela sido usada em poesia de língua portuguesa, achou o poeta que devia alertar o leitor daquela inovação e pôs sob o título dos poemas a declaração entre aspas: 'Obrigado à consoante de apoio'". Assim, veio a receber a farpa bandeiriana nesta estrofe:

---

[91]Garbuglio, José Carlos. *Roteiro de leitura: poesia de Manuel Bandeira.* São Paulo: Ática, p. 52-53.

[92]In: Bilac, Olavo. *Poesias.* Posfácio de R. Magalhães Júnior. Rio de Janeiro: Civilização Brasileira, 1977, 29 ed. (segunda com a ortografia atualizada), p. 5-9.

O meu verso é bom
Frumento sem joio.
Faço rimas com
Consoantes de apoio.

Há, n' "Os sapos", dois momentos particularmente expressivos: a sexta e a sétima estrofes. Na sexta, confessa o sapo-parnasiano:

Vai por cinqüenta anos
Que lhes dei a norma:
Reduzi sem danos
A formas a forma.

A extinção do acento diferencial de fôrma/forma confunde o leitor, comprometendo o sentido do que escreveu Bandeira. O que há, aqui, é a denúncia do formalismo — da substituição da *forma* pelas *fôrmas* (com circunflexo) parnasianas. Ora, toda arte é *forma*, mas quando a forma é transformada em *fôrma* a arte sucumbe: vira formalismo. No caso parnasiano, chegou a arrancar lamúrias até do maior nome (a meu ver) da escola: Olavo Bilac. Autor da famosa "Profissão de fé", onde diz que a grande arte é como trabalho de ourivesaria e que, seguindo o exemplo do ourives, ele se dedica a servir à *Deusa serena,/ Serena Forma* (assim, com maiúscula), em certos momentos entrou em crise devido à imposição das fôrmas (com circunflexo) parnasianas. Em "Inania verba" (*Poesias*, p. 141), por exemplo, diz ele:

O Pensamento ferve, e é um turbilhão de lava:
A Forma, fria e espessa, é um sepulcro de neve...
A Palavra pesada abafa a idéia leve,
Que, perfume e clarão, refulgia e voava...

A Forma, a que ele servia com toda a alma, revela-se "um sepulcro de neve" (porque, na verdade, já não era *forma*, era *fôrma*). A Palavra é pesada e abafa o sopro da poesia. A criação, assim, torna-se inviável — porque o poeta deixara de ser criador (de sua beleza) para se transformar em serviçal de uma Beleza imposta pela escola para a qual o fim não era o produto da criação, a poesia — mas o meio. Ou seja: a fôrma (sempre o circunflexo) parnasiana. E quanto à poesia? Vejamos os dois últimos versos da sétima estrofe de "Os sapos":

> Não há mais poesia,
> Mas há artes poéticas...

Artes poéticas... Na verdade, não propriamente artes — mas mero artesanato.

4.2 – LIBERTAÇÃO LÍRICA

A segunda composição crítica de Bandeira é "Poética", incluída em *Libertinagem*. Trata-se de um texto contundente:

POÉTICA

> Estou farto do lirismo comedido
> Do lirismo bem comportado
> Do lirismo funcionário público com livro de ponto expediente
> protocolo e manifestações de apreço ao sr. Diretor.
> Estou farto do lirismo que pára e vai averiguar no dicionário o cunho
> vernáculo de um vocábulo
>
> Abaixo os puristas
> Todas as palavras sobretudo os barbarismos universais
> Todas as construções sobretudo as sintaxes de exceção
> Todos os ritmos sobretudo os inumeráveis
>
> Estou farto do lirismo namorador
> Político
> Raquítico
> Sifilítico
> De todo lirismo que capitula ao que quer que seja fora de si mesmo.

De resto não é lirismo
Será contabilidade tabela de co-senos secretário do amante exemplar com cem modelos de cartas e as diferentes maneiras de agradar às mulheres etc.

Quero antes o lirismo dos loucos
O lirismo dos bêbados
O lirismo difícil e pungente dos bêbados
O lirismo dos clowns de Shakespeare

— Não quero mais saber do lirismo que não é libertação.

É um *basta* ao lirismo bem-comportado, burocrático, sem espontaneidade, construído à sombra de ditames gramaticais e vernáculo dicionarizado; incapaz de se expressar fora do já consagrado — o que significa, em suma, incapacidade de ousar, inventar, criar. Lirismo, pois, que se deixa cercear pelo convencionalismo e se repete até o total esgotamento. Se é que merece este nome — o poeta acha que não: "De resto não é lirismo." Não, não pode se chamar lirismo o que "capitula ao que quer que seja fora de si mesmo". Preferível o lirismo dos loucos, dos bêbados, dos *clowns* shakespeareanos. A este respeito, escreve José Carlos Garbuglio:

> O desabafo mostra a necessidade de libertação, de escapar das formas de cerceamento e inibição. Era, portanto, mais que um grito pessoal, individual. Ressoava coletivamente. Contém o apelo sufocado e busca um meio de liberar os conteúdos humanos interiorizados, mas presos nas malhas do contexto literário e social atuante. Limitando a ação pessoal, as pressões do meio somente permitem a libertação pelo ato marginal, momento em que desaparecem os freios inibidores, como acontece com os loucos, os bêbados, os *clowns*. (...) Mais que brado libertário do artista, o protesto do poeta identifica o sistema de opressões em que a individualidade é esmagada em favor de valores para os quais o homem é objeto desimportante. Deste modo, o rompimento com as amarras poéticas dominantes e a busca de uma palavra menos contaminada se inscrevem como necessidade

> básica de preservação, ante as ameaças que tendem a se alastrar e subjugar todas as criaturas. Não é apenas protesto contra o lirismo aviltado, mas contra todas as formas de opressão que represam a emoção lírica (ob. cit., p. 56-57).

Preferíveis os delírios insanos e as confissões bêbadas, assim como a *performance* de palhaços, com ironias e sarcasmos, ou cenas patéticas, ao triste "lirismo" conformista que o poeta repudia. No ensaio "O lirismo em si mesmo: leitura de 'Poética' de Manuel Bandeira",[93] Jorge Koshiyama diz que o poema "imita" sucessivamente "o tom de uma conversa, o tom de um orador popular" (p. 94). A meu ver, porém, Bandeira já inicia em pleno comício — "Estou farto do lirismo comedido" etc. Não conheço o "registro fonográfico", na voz de Manuel Bandeira, a que se refere o ensaísta (p. 81), mas a leitura que faço é de um desabafo enfático desde o início. Um repúdio para todo mundo ouvir. Repúdio que, como observa Garbuglio, tem também um valor de ordem ética, pois corresponde a uma "necessidade básica de preservação, ante as ameaças que tendem a se alastrar e subjugar todas as criaturas". Assim, a declaração final — *Não quero saber do lirismo que não é libertação* — deve ser entendida como bem mais do que simples manifesto literário: é um brado a favor da liberdade da própria *alma* humana. Da vida de todos os homens. Muito além da "libertação pessoal" registrada por Mário de Andrade em "A poesia em 1930" (*Aspectos...*, p. 28).

Na verdade, a luta pela liberdade estética se dá porque a alma está sufocada, a expressão não se realiza. Recordemos a tortura de Bilac em "Inania verba": a *idéia* (o sopro lírico, a inspiração) não pode se cumprir porque é sufocada pela "Palavra pesada", por uma Forma "fria e espessa" que é como um "sepulcro de neve". Esta constatação/confissão de Bilac nos fala de uma tragédia: o poeta, que se expressa através da palavra em forma poética, é impedido de se expressar exatamente devido a essa Palavra (pesada) e a essa Forma (fria, espessa, semelhante a um túmulo de neve). Toda arte é forma, imaginem uma forma que inviabiliza a manifestação artística... Isto só ocorre quando a forma deixa de ser *meio* para ser *fim*, como aconteceu com o parnasianismo e

---

[93]In: *Leitura de poesia*. Organização de Alfredo Bosi. São Paulo: Ática, 1996, p. 79-100.

acontece sempre que o artista quer servir a uma forma preexistente, a uma Beleza predeterminada, esquecido de que arte (e a beleza, se for o caso) é uma *conseqüência* da criação, não o cumprimento de uma meta estética preestabelecida. O sopro lírico não pode ser *submetido* a uma forma: ele deve *encontrar* (ou até *gerar*) essa forma, a forma através da qual ele se cumpre plenamente, torna-se arte, objeto de arte.[94] Bilac não se libertou (certamente não sabia como), continuou parnasiano até a morte, mas nos deixou o testemunho de sua angústia, de sua tragédia — ainda mais trágica porque expressa *parnasianamente*...

O que Bilac sentiu foi o mesmo que sentiram Bandeira e os modernistas. Bandeira já vinha se debatendo dentro dos espaços *formais* e limitações de linguagem há muito tempo. Por isso ele polemizou com Machado Sobrinho em 1917. Por isso o seu parnasianismo-simbolismo sempre foi tão *pessoal*, desde *A cinza das horas*. Um parnasianismo-simbolismo que tanto nos traz o espírito romântico ("A Antônio Nobre", "Imagem", "Cantilena", "Poemeto erótico"...). Ao reler *Há uma gota de sangue em cada poema*, Bandeira escreveu a Mário (19 de setembro de 1925) dizendo que considerava aquele livro "uma merda" e, na carta seguinte (7 de outubro), mais ameno, que achava "tudo muito ruim (...), mas apesar de tudo um ruim diferente dos outros ruins, um ruim esquisito". Esta expressão, "ruim esquisito", agradou muito a Mário, que a ela se refere várias vezes — e mais tarde a utiliza (como já vimos no segmento 2.1 — "Artesanato e arte") para caracterizar certos poemas do parnaso-simbolismo (e romantismo) do primeiro Bandeira. Na carta de 14 de dezembro de 1932, referindo-se à intenção do amigo de publicar uma segunda edição das *Poesias*, ele sugere a retirada dos sonetos, que classifica de "indiscretos", observando: "Repare que talvez eles pertençam um bocado àquele 'ruim esquisito' que você inventou com tanta felicidade."[95] Tal "esquisitice", em ambos os casos, era devida ao processo de formação dos dois poetas, que tentavam achar seus caminhos entre a tradi-

[94]Mário de Andrade, em "A escrava que não é Isaura", escreveu: "... a meu ver a beleza não deve ser um fim. *A beleza é uma conseqüência*. Nenhuma das grandes obras do passado teve realmente como fim a beleza. Há sempre uma idéia, acrescentarei: mais vital que dirige a criação das obras-primas." In: *Obra imatura*, p. 206-207.

[95]Veremos mais deste diálogo no Capítulo 5.

ção e a invenção, ainda tateantes, hesitantes, sem uma voz própria. Bandeira, principalmente, é um amálgama — e é *outra coisa*. É, já, apesar do peso das influências, Manuel Bandeira ele-mesmo explorando os espaços formais e se expressando segundo um sopro lírico extremamente pessoal. Não foi por outro motivo que João Ribeiro saudou *A cinza das horas* como uma "consolação reparadora" diante "das convenções, dos artifícios e das nigromâncias mais esdrúxulas" que caracterizavam a poesia da época (v. n. 15). Enfim, ambos, Mário e Bandeira, tinham — e têm — em suas obras o que chamavam de "ruim esquisito". Enfim, os dois aprenderam todas as lições da tradição e criaram suas próprias poéticas. Sem o equívoco de muitos, que, na reação contra as cadeias, caíram no desleixo ou numa perplexidade tragicamente estéril. Encerrando seu ensaio "Trajetória de uma poesia", Sérgio Buarque de Holanda escreveu:

> Pode-se justificar, aliás, de certo ponto de vista, a censura endereçada, já hoje com significativa insistência, aos poetas que, procurando formas mais livres e pessoais de exprimir-se, acabaram abandonando todos os terrenos comuns e os critérios de validez objetivos e universais. A poesia, como qualquer outro jogo, há de ter suas regras de antemão traçadas e que não se pode infringir impunemente. Foi por menoscabarem tais regras que alguns poetas de nosso tempo, e dos mais dotados, caíram num desesperado solilóquio, engendrador de solidão e de monstros.
>
> A reação normal contra uma lei que cumpria aceitar automaticamente, como um colegial que decorou a lição, tinha de ser o culto à espontaneidade irresponsável e sem limites. Mas a preservação dessa atitude simplesmente negativa, quando já não existe bem o que negar, é caminho para a facilidade e o desleixo, pobres substitutos da rotina formal. O modo de se ultrapassar semelhante alternativa está, aparentemente, numa opção livre e consciente àquelas regras, de modo a que se transfigure o que era universal e anônimo em uma criação pessoal incessante. Foi o que compreenderam alguns poetas, entre eles Manuel Bandeira, nos seus melhores momentos.[96]

[96]In: *Manuel Bandeira*, cit., p. 156-157.

"Poética" é, pois, discurso contra a esterilidade, o desespero, as solidões e os monstros, resultado lúcido e vigoroso de uma "criação pessoal incessante".

4.3 – POESIA PARA DESPERTAR

"Poética" tem, a meu ver, uma espécie de complementação em "Nova poética", do livro *Belo belo:*

NOVA POÉTICA

Vou lançar a teoria do poeta sórdido.
Poeta sórdido:
Aquele em cuja poesia há a marca suja da vida.
Vai um sujeito,
Sai um sujeito de casa com a roupa de brim branco muito bem
engomada, e na primeira esquina passa um caminhão, salpica-lhe o
[paletó ou a calça de uma nódoa de lama:
É a vida.

O poema deve ser como a nódoa no brim:
Fazer o leitor satisfeito de si dar o desespero.

Sei que a poesia é também orvalho.
Mas este fica para as menininhas, as estrelas alfas, as virgens cem por
[cento e as amadas que envelheceram sem maldade.

Uma das reações mais curiosas a este poema é a que encontramos no ensaio "A trajetória poética de Manuel Bandeira", de Massaud Moisés. Depois de criticar os versos de circunstância bandeirianos, reunidos em *Mafuá do malungo*, escreve ele:

> Projeção para a realidade circundante, dir-se-ia, que nenhum mal em si poderia implicar, mas que no mundo dum poeta triste se transforma na seguinte "Nova poética", de *Belo belo* (...) onde a pregação do

> reverso da medalha (o poeta preconiza o lirismo em torno do objeto de sua tristeza, ao invés dela própria) não pode engendrar senão antipoesia, ao menos nas mãos de Manuel Bandeira. Evidentemente, não chegou a ser "poeta sórdido"; pelo contrário, além de a tristeza de seus poemas não provocarem desespero, a vida era-lhe tudo menos suja, haja vista os poemas de circunstância dedicados a amigos, efemérides etc. (*Homenagem...*, 1986-1988, p. 468-469).

As minhas leituras de "Nova poética" estranham a leitura (ou o que penso que ela signifique) de Maussaud Moisés. Em primeiro lugar, não considero "Nova poética" uma "antipoesia". Pelo contrário: é poesia da melhor qualidade e — para lembrarmos Mário de Andrade — do "mais Manuel".

Como disse há pouco, vejo "Nova poética" como uma espécie de complementação de "Poética". Se esta prega a libertação do lirismo, o que pode significar também a libertação da *alma* (ou da vida) humana de um modo geral, aquela como que firma mais um compromisso: a expressão lírica tem que ter impacto na existência. Tem que incomodar — ou *desacomodar* — o homem. Não pode ser anódina, ou meramente cariciosa, consoladora. Tem, sim, que pôr o leitor diante de si mesmo. Dentro da condição humana. Tem que ser *da vida*. A poesia (a arte, de um modo geral) nasce da vida e exerce ação sobre ela. No dizer de Mário de Andrade, em carta a Alphonsus de Guimaraens Filho: "Não há nada mais, não só contaminável, mas contaminado (por qualquer *interesse* humano, individual ou coletivo) que o verso, que a poesia verdadeira."[97] Ora, se ela é contaminada pelo humano, há de falar de coisas humanas. Toda grande arte é implacável, e assim deve ser a poesia. Implacável no sentido de revelar o homem ao homem — e, assim (talvez), salvá-lo. No ensaio há pouco citado, Koshiyama lembra que Werner Jaeger, em *Paidéia*, define o poeta como educador, "mostrando os heróis de Homero não como forças cegas, mas como seres humanos autônomos que lutam para dominar essas forças e para cumprirem, com autonomia, sua vida". Segundo Jaeger,

[97] In: *Itinerários*, p. 36.

> Homero concebe a *ate*, tal como a *moira*, dum modo estritamente religioso, como uma força religiosa à qual o homem mal poderia resistir. No entanto, principalmente no Canto IX, o homem aparece, senão como senhor de seu destino, ao menos como autor inconsciente dele. Há uma profunda necessidade no fato de serem precisamente os Gregos, para quem a ação heróica do Homem se situa no mais alto lugar, a sentir como algo de demoníaco o trágico perigo da cegueira e a eterna oposição à ação e à aventura, enquanto a resignada sabedoria asiática tentava evitar o perigo pela inação e pela renúncia.[98]

O "trágico perigo da cegueira". Sim, porque estamos para sempre perdidos se só conseguimos ver, em nossos espelhos interiores, os enganos dos cosméticos e das máscaras.

> O poema deve ser como a nódoa no brim:
> Fazer o leitor satisfeito de si dar o desespero.

Se o leitor chega a "dar o desespero" é porque andava distraído da vida — ou até pensava, mesmo, alienadamente, que a vida é uma "roupa de brim branco muito bem engomada". O que ela, de fato, não é. Ou só o é em nossa ilusão. Torna-se necessário, pois, que o homem seja levado, às vezes, a "dar o desespero" para que se situe no mundo e em si mesmo. Enfim, a poesia tem que conduzir o homem à vida, não fazê-lo perder-se dela. "É a vida" — escreve o poeta, depois que o caminhão enodoa a calça do cidadão.

> Poeta sórdido:
> Aquele em cuja poesia há a marca suja da vida.

A marca da vida sempre esteve presente na poesia de Manuel Bandeira. Da vida assombrada pela morte (pela morte, pela tristeza, pela solidão), a princí-

---

[98] Jaeger, Werner. *Paidéia: a formação do homem grego.* Apud Koshiyama, cit., p. 84-85.

pio, à marca da vida que ele passou a viver — rica, reveladora, generosa de realizações e contatos humanos. Não há nada de aviltante nessa "marca suja", nessa sordidez. Pelo contrário: foi por isso, por não fugir a essa "marca", que Manuel Bandeira se tornou o grande poeta que conhecemos.[99]

[99]Wilson Martins, de quem já vimos as observações acerca de "Os sapos", diz, referindo-se à "Poética", que Bandeira escreveu, "com sensível atraso, o decálogo estético do Modernismo, muito aplaudido e aceito sem dificuldade porque, quando apareceu, já nada mais dizia de novo nem de chocante". Esse mesmo atraso ele aponta em "a 'Nova Poética' do volume *Belo belo*, que reflete as preocupações sociais do período, expressas em poesia desde 1945 por Carlos Drummond de Andrade em *A rosa do povo* (e, na prosa de ficção, desde *A bagaceira*, em 1928, para nada dizer dos que viriam em seguida na escola do romance nordestino)". In: "Sobre Manuel Bandeira", cit., p. 574-575. O crítico tem razão, o que não compromete (nem esta foi, é claro, sua intenção) em nada o valor poético/político dos textos de Bandeira.

Capítulo 5

UM DIÁLOGO DE 22 ANOS

Ponha reparo um bocado no que passou e está passando entre nós, meu Deus! Que infantilidade fatigante e ridícula pra qualquer perverso, toda, mas toda, a nossa correspondência! Carta de deveras carta, é documento maior, Manú, e matute bem nos que não conseguem escrever carta e muito menos sustentar uma correspondência.

Mário de Andrade: carta de 7 de abril de 1928

Acho mesmo que convém que nos imitemos, que nos plagiemos, que nos influenciemos para firmar cada vez mais essa característica racial que já é patente e bem definida.

Manuel Bandeira: carta de 26 de junho de 1925

Nós temos que dar ao Brasil o que ele não tem e que por isso até agora não viveu, nós temos que dar uma alma ao Brasil.

Mário de Andrade: carta a Carlos Drummond de Andrade (10/11/1924)

5.1 – CRÍTICA E DIFICULDADES

Manuel Bandeira e Mário de Andrade trocaram cartas de 25 de maio de 1922 a 30 de outubro de 1944, segundo o que foi reunido no volume que utilizamos aqui (*M & M*, cit.). Conversa de amigos, conversa de poetas, conversa de eruditos e criadores. Bandeira e Mário (sobretudo este, o homem do "espaventoso epistolário", como escreveu a Moacir Werneck de Castro),[100] se corresponderam com muitas pessoas, principalmente escritores, pintores e músicos, mas sem dúvida a correspondência que trocaram entre si foi, de longe, a mais rica e importante. Lendo-a, acompanhamos a tumultuosa vida intelectual do país naqueles anos — fundamentais para a formação de um novo gosto estético, de uma nova literatura, de um novo conceito de arte. Sem as altas lições de Mário e Bandeira, certamente não teríamos avançado culturalmente tanto. É uma dívida que não podemos deixar de reconhecer — como a reconheceu, mais de uma vez, o discípulo maior de ambos: Carlos Drummond de Andrade.

A correspondência entre os dois caracterizou-se, em toda a sua duração, pela atividade crítica. São considerações contínuas, francas, engraçadas ou dolorosas, compassivas ou implacáveis, de parte a parte. Considerações recíprocas e dirigidas ao mundo intelectual e artístico da época. O exercício da crítica tonificava os espíritos, mantinha-os em alerta. Bandeira e Mário, sustentando seu longo e vigoroso diálogo, foram mutuamente importantíssimos em sua formação intelectual e artística. E moral também, pois a observância da ética sempre foi muito forte em ambos. Apesar de alguma ferocidade crítica, irreverência e xingamentos (e as injustiças inerentes a julgamentos humanos), jamais se deixaram dominar pelo despeito, pela inveja, pelo ressentimento e outros sentimentos menores.

[100]In: *Mário de Andrade — exílio no Rio*. Rio de Janeiro: Rocco, 1989, p. 175.

Amizade, debate de idéias, hesitações, inseguranças, confiança, obstinação, afinidades, alegrias e tristezas, realizações e fracassos, evolução intelectual e artística — tudo isto, e muito mais, encontramos na correspondência Bandeira/Mário. Foram 22 anos de muito estudo, muita pesquisa, muitos projetos e publicações — e os dois poetas se ajudaram mutuamente, mesmo nos momentos daquela "incomunicabilidade dolorosíssima das almas" a que Bandeira se refere.

Eram artistas em plena formação, quando iniciaram a troca de cartas: Bandeira tinha 36 anos; Mário, 29. E temos que levar em conta que eram artistas de um novo tempo, ou seja (como já dissemos noutros momentos deste trabalho): criadores de uma nova estética, de novos valores, de um novo olhar sobre o mundo, a vida, a nação brasileira. Eram herdeiros de vasta e poderosa tradição, de que procuraram beber todos os ensinamentos possíveis, mas eram também criadores de uma nova tradição, ou de um novo caminho que derivava dessa tradição. Uma condição, pois, bastante delicada, como ocorre nas situações, digamos, inaugurais. E em tarefas em tais condições há sempre — além das mil e uma dificuldades que sempre assaltam os que abrem caminhos — muita, muitíssima solidão. Não só há a insegurança dos trabalhos desenvolvidos, a incerteza dos rumos a seguir, mas uma dificuldade imensa de se encontrar alguém com quem se possa, de igual para igual, dialogar, trocar idéias e cuidados, escapando assim ao isolamento dos que vão à frente, dos que começam a abrir espaços que jamais foram abertos — e que por isso, desconhecidos, estranhos, pertencentes a um outro mundo, são obscuros, ásperos, hostis.

Quando escrevi o ensaio sobre Mário, as cartas de Bandeira ainda não haviam sido publicadas — havendo apenas as de Mário para Bandeira, organizadas pelo próprio Bandeira para a edição já aqui citada (v. n. 55). Agora, graças ao volume que reúne a correspondência entre os dois, podemos acompanhar por inteiro a troca de idéias. Além de conhecer melhor o Bandeira daquele tempo, podemos examinar particularmente suas razões em respostas a certas críticas de Mário, abordadas no ensaio anterior (caso do *lirismo*, por exemplo, que já vimos e voltaremos a ver, como questões de estilo e "incomunicabilidade", esta última suscitadora de algumas mágoas e debate intenso), o que não era possível devido à unilateralidade da correspondência disponível.

Também podemos acompanhar, agora, as dificuldades enfrentadas por ambos, tanto as intelectuais quanto as materiais. Destas últimas, em particular (porque envolvia também dificuldades intelectuais, isto é: as da *afirmação* de suas obras) o problema editorial, a realização da "experiência dura", como dizia Mário.[101] Não foi fácil: Mário, como se sabe, custeou praticamente todos os seus livros. Os primeiros de Bandeira foram pagos por seu pai. O terceiro tem uma história interessante.

O poema "Os sapos" levantou bastante poeira na República das Letras, mas não teve o poder de acender qualquer sentimento de rancor num dos *farpeados* — Goulart de Andrade, que continuou admirador do poeta e mais tarde, em 1923, arranjou-lhe editor para os novos poemas. Bandeira dá assim a notícia a Mário, ao fim da carta de 11 de dezembro de 1923:

> E agora ouve esta que é de estrondo: QUEM VAI EDITAR O MEU LIVRO É LAUDELINO FREIRE, *SCILICET*[102] A REVISTA DE LÍNGUA PORTUGUESA, E QUEM ME ARRANJOU ISSO FOI GOULART DE ANDRADE QUE ATAQUEI NOS "SAPOS" MAS QUE GOSTA DE MIM POR CAUSA DOS "SAPOS". VIVA O PASSADISMO!

O que levou Mário a dizer, em resposta: "Adoro o Goulart de Andrade. Adoro o Laudelino. Ri com o caso. E nunca mais atacarei esses homens admiráveis." Em nota à carta seguinte de Mário (dezembro do mesmo ano), Bandeira conta o episódio:

> (...) depois de ter publicado *A cinza das horas* e o *Carnaval*, encontro um dia no Largo da Carioca este meu saudoso amigo [Goulart de Andrade] e ele me interpela: "Quando temos um novo livro?" Respondi-lhe que não tinha editor nem dinheiro para imprimir os meus versos por conta própria. Ao que Goulart acudiu prontamente: — "Pois eu

[101]Em carta a João Etienne Filho: "Ora você ou se acredita poeta ou não: a decisão tem de ser de você. Se se acredita sim, tem de publicar e esperar o veredito humano dos outros. E dos outros seus contemporâneos, a consagração da posteridade não adianta pra ninguém. (...) Faça a experiência dura, Etienne: se publique em livro." In: *Cartas do irmão maior — Mário de Andrade/ João Etienne Filho*. Belo Horizonte: Mazza Edições/Belas Artes Liberdade Livraria, 1994, p. 38.
[102]Latim: "a saber". Nota de Marcos Antonio de Moraes.

vou arranjar-lhe um editor!" Dias depois me informava que falara ao Laudelino e este concordara em editar as minhas poesias.

Já há algum tempo Bandeira vinha tentando edição. Em 31 de maio de 1923, escrevia a Mário:

> Os meus poemas estão nas mãos do Lobato. São *A cinza das horas* aumentada de algumas poesias da mesma época, o *Carnaval*, e a parte inédita a que dei o título de *Onda solitária*. Tudo deveria sair sob o nome geral de *Poesias*. (...)
>
> O Lobato fechou contrato comigo desde agosto do ano passado. Todavia até agora, nada. Ele diz que verso não é negócio, é negocinho. Que isso de versos é bucha, sejam péssimos ou excelentes.
>
> Se o Lobato desistir de editar-me, não aparecerei mais a público senão em revista: não tenho dinheiro nem paciência nem gosto para me editar a mim próprio.

E Monteiro Lobato não edita Manuel Bandeira. Este, em carta de 24 de setembro de 1923, escreve a Mário:

> O Lobato acaba de me roer a corda, comunicando-me que não editará mais os meus versos, para a publicação dos quais ele se comprometera formalmente há mais de um ano, compromisso esse várias vezes renovado, sendo que o último não data de um mês.

Lobato deixa, assim, de entrar na História como editor dos maiores modernistas, pois que já se recusara a lançar Mário de Andrade. Abordando a relação entre Monteiro Lobato & Cia. Editores e os modernistas, escreve Marcos Antonio de Moraes que

> Menotti Del Picchia consegue ali publicar *O homem e a morte*, em 1922; no ano anterior, entretanto, Oswald de Andrade se encarregara de levar os manuscritos de *Paulicéia desvairada* de MA a José Bento Monteiro Lobato (1882-1948). Caberia ao editor, estupefato diante dos poemas, a exigência de uma explicação inicial no livro, à qual MA responde pron-

tamente com o "Prefácio interessantíssimo". Lobato ainda assim recua, temendo perder a clientela burguesa e não edita MA (n. 37, p. 95).

Em *Itinerário de Pasárgada*, porém, ao falar da publicação de *Poesias*, Bandeira se esquece completamente de Monteiro Lobato, chegando a dizer que nunca procurara editor para os poemas. Este é o seu relato:

> *O ritmo dissoluto* apareceu em 1924 conjuntamente com a segunda edição de *A cinza das horas* e o *Carnaval*, num volume editado pela *Revista da língua portuguesa*. Causou grande e divertida surpresa nos arraiais modernistas aparecer eu, autor de um poema já publicado ("Poética"), onde primitivamente havia este verso "Abaixo a *Revista da língua portuguesa*", aparecer eu da noite para o dia editado por essa mesma revista. Eis como se tornou possível a coisa. Depois que morreu meu pai, fiquei sem nenhuma esperança de ver em livro os versos que fizera depois do *Carnaval*. Nunca procurei editor para eles. Ora, aconteceu que um dia, encontrando-me na Livraria Freitas Bastos com Goulart de Andrade, interpelou-me o poeta muito amavelmente: "Então, quando temos novo livro?" Respondi-lhe que nunca, porque editor não me apareceria, nem eu tinha dinheiro para me editar por conta própria. Ao que Goulart acudiu prontamente: "Pois eu vou lhe arranjar editor!" Não fiz fé que o conseguisse. Dias depois, em novo encontro de rua, ouvi-lhe com espanto recomendar-me que procurasse o Laudelino Freire, a quem falara sobre mim e com quem ficara acertado que o meu livro seria editado pela *Revista*. Assim, a publicação do volume *Poesias* fiquei devendo-a a dois homens a quem atacara: ao poeta que eu satirizara nos "Sapos", e ao editor contra cuja revista havia gritado "Abaixo!" (...) É verdade que o verso irreverente foi suprimido, mas para ser substituído pelo que lá está: "Abaixo os puristas!" (*Poesia*... p. 61).

Atento às dificuldades editoriais do amigo, Bandeira pergunta ao Mário (em carta de novembro de 1924): "E o *Primeiro andar*? Queres (isto é, permites) que eu faça uma tentativa junto ao Costallat e Micollis?" Ao que Mário responde, em 22 do mesmo mês: "Podes propor o *Primeiro andar* pro Costallat. Assim pensam que a joça é imoral e compram o livro." Na carta de 16 de dezembro.

Bandeira comunica: "A minha tentativa para a publicação do *Primeiro andar* falhou. Nem cheguei a me avistar com o Costallat. Ele não respondeu à minha carta." Em 27 de dezembro de 1924, reclamando por Mário não lhe ter condenado, antes da republicação em livro, a última estrofe de "Arlequinada", de *Carnaval*, diz Bandeira: "Se conhecesse antes o seu juízo, teria suprimido a quadra final. Mas o que está feito, está feito. E não tenho esperança de 2ª edição para emendar a mão." Estas conversas mostram de quanto de prestígio dispunham os dois poetas diante dos editores da época.

Bandeira teve melhor sorte que Mário, mas levou bastante tempo até conseguir edições comerciais. Dois homens sem rancor publicaram *Poesias*, mas *Libertinagem*, de 1930, uma edição de 500 exemplares, foi custeada pelo poeta. Seis anos depois, quando Bandeira completa 50 anos, sai *Estrela da manhã*, graças ao papel presenteado por Luís Camilo de Oliveira Neto e suficiente apenas para 50 exemplares destinados a subscritores, não chegando aos 57 anunciados no livro (*Poesia...*, p. 85).[103] É então que a editora Civilização Brasileira, para a qual Bandeira havia feito diversas traduções, resolveu homenageá-lo com uma publicação: *Crônicas da província do Brasil*. "Editou-me a Civilização um livro de prosa: não ousaria editar um de versos", diz o poeta (id., p. 86). No ano seguinte, porém, a mesma editora *ousou:* publicou *Poesias escolhidas*, seleção do autor com aconselhamentos de Mário de Andrade. É quando Bandeira passa a não mais custear suas próprias edições. Tinha 51 anos de idade.

5.2 – INCOMUNICABILIDADE E ENCRENCA

Bandeira e Mário conversavam de igual para igual, conscientes da importância desse diálogo. Em 1939, certamente pensando especialmente em sua correspondência com Bandeira, Mário observou que

[103] A "Cronologia de Manuel Bandeira" da edição de *Estrela da vida inteira* citada neste trabalho registra outros números: "47 exemplares apenas para subscritores — o papel não deu para os 50 anunciados no livro".

> a literatura brasileira só principiou escrevendo realmente cartas, com o movimento modernista. Antes, com alguma rara exceção, os escritores brasileiros só faziam "estilo epistolar", oh primores de estilo! Mas cartas com assunto, falando mal dos outros, xingando, contando coisas, dizendo palavrões, discutindo problemas estéticos e sociais, cartas de pijama, onde as vidas se vivem, sem mandar respeitos à excelentíssima esposa do próximo nem descrever crepúsculos, sem dançar minuetos sobre eleições acadêmicas e doenças do fígado: só mesmo com o modernismo se tornaram uma forma espiritual de vida em nossa literatura (*O empalhador...*, p. 182-183).

Sim, eram cartas "onde as vidas se vivem", uma troca inestimável de críticas, estímulos, reflexões que aprimoravam os correspondentes. Mário e Bandeira eram mutuamente agradecidos por isso. Um reconhecimento emocionado. Mário diz, por exemplo, em carta de dezembro de 1923: "Nossas relações foram sempre assim. Tu a dares, eu a receber" (p. 110-111). Isto depois da leitura do poema "Variações sobre o nome Mário de Andrade", que acabara de ser publicado, sobre o qual, na mesma carta, Mário assim se manifestara:

> (...) as tuas "variações" obrigam-me a te escrever imediatamente. Dizer que elas são admiráveis? Já estás além dos elogios e o melhor que te posso fazer é a confiança que deposito em ti. Mentor. Mas tua visão de São Paulo antiga (só tu mesmo entre nós podias fazer, dispondo de meios expressivos necessários e afastado da moderna Paulicéia) deixou-me imensamente comovido. Neste momento remocei dez anos ou quinze. Irei hoje ao Jardim da Luz. Lá ouvirei o Antão, murmurando os teus versos. Ah! O *Politeama*! O *Progredior*!... Sinto-me povoado de fantasmas deliciosos! Minha mocidade sobe de novo em mim. Sou moço, tenho 19 anos. Depois do Jardim da Luz irei à estreita, escura rua Líbero Badaró. Rua proibida, lembras-te? Por causa dumas luzes macias, sob quebra-luzes vermelhos, verdes... É dia de farra para mim. Irei gozar uma dessas fêmeas gordas, mal-vestidas e polacas. Como aos 19 anos. Sairei depois muito contente, satisfeito de minha masculinidade. E livre dos desejos, cantando o "Guarani" (como é linda a "Canção do aventureiro"!) de Carlos Gomes — o maior músico de todos os tempos, empurrarei para diante o tílburi, meus queridos tílburis, o tílburi da minha mocidade, a trabalhar!! Inchaste-me de otimismo!

E Bandeira responde, atribuindo às influências do amigo (inspirador como homem e como poeta) a realização do poema: "Foste tu, Mário, que me deste o meio de exprimir-me. E depois dizes que dou e recebes" (p. 112). Noutras vezes discutem amizade e admiração, que não se devem misturar. Em 10 de dezembro de 1925, tentando esclarecer as coisas, diz Bandeira: "Você pensará mesmo que eu te admiro porque te quero bem? E se eu lhe disser que não sei se te quero realmente bem? Você já reparou que o nosso bem é de cartas? Quando estivemos juntos senti sempre um vexame entre nós." *Vexame* que está também nas cartas, como lemos a seguir: "Nós fazemos cerimônia e depois... mesmo em carta... você às vezes sem querer me fere e me esfola profundamente, no que eu tenho de mais verdinho...".

A estas considerações Mário responde, dois dias depois, referindo-se às críticas de Bandeira, as quais aceita — às vezes até "com docilidade por demais" — e considera feitas com "independência do coração". Quanto às dúvidas do amigo, escreve:

> Depois inda vem outra pergunta na carta gostosa de você: "E será mesmo que eu te quero bem?" Quer, Manu... Você me quer muito bem. Você comenta que a nossa amizade é carteada... Isso não quer dizer nada, Manu! Isso é que é o mais puro mais elevado mais masculino feitio e manifestação de amizade. Você me quer um bem danado no que aliás tem certeza que é correspondido ponto por ponto.

A seguir, uma observação que põe noutro plano a questão amizade/admiração: a amizade não atrapalharia a visão crítica; pelo contrário, estimularia a crítica, que se tornava, devido à amizade, um dever maior: "Repare no carinho infinito, atenção paterna com que você quer que as minhas coisas fiquem excelentes." E como Bandeira *quer* que as produções do amigo sejam excelentes? Criticando-as. A amizade leva a uma critica mais aberta, franca, até — de parte a parte — impiedosa. Consciente disto, Mário continua proclamando essa amizade, e com emoção:

> Não é a gente falando um pro outro "eu sou amigo de você" que mostra amizade não. É num pensamento constante do amigo, é numa palpitação pelo amigo, é no "desejo de sentir o amigo" quando se está

longe. E se você for capaz afirme que não sente isso por mim. Sente, Manu. Porque, quando alguém me fala que admira que nem eu o James Joyce eu digo: "esse sujeito é inteligente" e quando me fala que admira você não digo nada não penso nada porém sinto o prazer físico duma vitória? Depois dessa sensação é que posso refletir sobre a inteligência do sujeito, sobre o valor da sensibilidade dele porém primeiro eu senti uma vitória minha, que nem pai cujo filho teve distinção. (...) Eu considero você meu maior amigo, o Amigo, o que eu queria ter a meu lado na hora da minha morte que como você sabe deve ser uma hora em que a gente não tem tempo pra esperdiçar. Eu sei que você havia de descobrir num gesto numa palavra num olhar aquele conforto que faz a gente largar esta gostosura de vida na Terra certo de que ainda permanecerá. Eu sei disso porque dentro de suas cartas de vez em quando a amizade espia e vem um bafo quente dela que me faz enormemente confortado e feliz.

As palavras de Mário emocionam Bandeira, que se confessa "estupefacto", pois não sabia "que era assim!" — o que o deixa com medo da "responsabilidade". E prossegue, na carta de 16 de dezembro, após dizer que considera as coisas que Mário lhe escreveu tão sérias "e tão enormemente comoventes na boca de um homem que é melhor não comentar", desta maneira:

Tive de refletir sobre os meus próprios sentimentos que não eram e ainda não estão muito claros. Mas você ajudou a análise e me tirou do caminho errado porque, te digo com toda a franqueza, eu já estava muito inclinado a pensar que não lhe queria verdadeiramente bem, mas apenas uma profunda e gostosíssima admiração.

Acha Bandeira que tal impressão fora causada pelo fato de a amizade entre os dois ter nascido e crescido em cartas. Observa que há uma "diferença grande" entre o Mário da vida e o Mário das cartas:

Nas cartas você se abre, pede explicação, diz merda e vá se foder; quando está com a gente é... paulista. Frieza bruma latinidade em maior proporção pudores de exceção.

Nas cartas, proximidade; na proximidade, distância. Assim, Bandeira (um nordestino-carioca, portanto bem aberto nas relações humanas) sentia mais amizade — *calor* — no que lia nas cartas do que na presença do correspondente. Sentimento que era, de fato, poderoso, como confessa:

> Você tem uma natureza retalhada de mil direções afetivas e certas coisas que eu não saberia dizer agora quais são me aporrinham, mas você disse uma coisa baita na sua carta que é aquela atenção paterna com que eu quero que as suas coisas fiquem excelentes. Mas ainda isso eu poderia explicar do seguinte modo: eu carrego uma porção de coisas que não sei exprimir; você sente essas coisas como eu por exemplo a vida brasileira; quando eu vejo uma coisa dessas expressa por você sinto uma doçura indefinível — tão doce que agora fiquei com os olhos cheios de água só de aludir a isso! É natural, pois, que quando no meio aparece um detalhe que não vem na mão eu fale pra que tudo seja gostosura.

Assim, a crítica não seria propriamente condicionada pela amizade, mas pelas afinidades estéticas e emocionais. Bandeira está sempre pronto a defender Mário e a atrair para ele simpatias, compreensões:

> Tenho ensinado muita gente a compreender e gostar de você. Muita gente rebelde vai cedendo terreno mas manhosamente, voltando com ataquezinhos em que procuram interessar a minha vaidade, opondo-me a você. Instantaneamente eu reajo com aquela nitidez verbal que em mim é sinal certo de tesão intelectual. O que você diz da hora da morte acho que é verdade...

Há, entre ambos, uma amizade verdadeira, aliada a inabalável honestidade de sentimentos e crítica. A amizade acentua o *dever* da crítica. Esta, manifestada com franqueza e força, enobrece a amizade. Mas, embora tenha vigorado de fato a honestidade crítica, não havia como afastar certas dúvidas. Na carta de 30 de agosto de 1927, escreveu Mário:

Afinal, Manu, já principio duvidando um pouco da opinião de você. Ela continua clarividente porém não é mais humana mais. E o mesmo se dá comigo a respeito de você. Creio que já devemos desconfiar da opinião um do outro. Com o trato cotidiano das nossas almas, a gente se querendo com aquele carinho intenso que só a verdade dá mesmo, a gente percebe os mínimos detalhes do outro, os compreende e goza não propriamente porque são bons humanamente falando mas porque são bons em relação ao outro. Caracterizam e são bem da personalidade do outro. E isso é de que a gente, nós, gostamos. O resto da gente não poderá surpreender isso nas obras. Tem agora clarividência maternal na maneira com que a gente se compreende; os outros, falta pros outros essa iluminação e por isso são mais humanos e verdadeiros.

Mas tal desconfiança não empanou jamais a troca de opiniões. Se Mário achava essencial a crítica de fora, de além daquela amizade (e por várias vezes denunciou o que considerava falta de crítica autêntica no Brasil), não dispensava a opinião do amigo, assim como este fazia questão da sua. Há de tudo nesse longo diálogo, de exames de consciência e crítica generalizada a situações francamente cômicas — como o que poderemos chamar de O Caso das Lagoas. Mário de Andrade escrevera estes versos do "Noturno de Belo Horizonte":

Até acalmarem (os rios) só muito longe exânimes
Nas lagoas polidas de cabeça pra baixo.

Bandeira não gostou, achou-os confusos. Mário discute uma solução (7/11/1924):

Queres que eu ponha "de cabeça pra baixo" antes de "nas lagoas polidas". Pensaste que são os rios que estão de cabeça pra baixo? Não. As lagoas é que refletindo tudo ao inverso dão a impressão de estarem de cabeça pra baixo. Teu engano me sugeriu esta mudança que fica mais compreensível:

Até se acalmarem muito longe exânimes
Nas lagoas polidas de cabeça pra baixo.

Bandeira não se convence. A 20 de novembro volta ao assunto:

> O trecho das lagoas é encrencado. Eu não tinha entendido que eram elas que estavam de cabeça para baixo. Encrencado! Parece a quadrinha do "Hino da paz" do Félix
>
> "No próprio espaço distante
> Galopa o corcel feroz
> Levando o terror adiante
> Montado sobre o albatroz."
>
> Onde não se sabe se é o corcel que monta no albatroz, ou o albatroz no corcel, ou um ou outro, ou ambos que montam no espaço, ou o espaço que monta no terror, cruz, credo!

Tens de arranjar outra coisa. Sugestão:

> "Até se acalmarem muito longe exânimes
> Nas polidas lagoas... As polidas lagoas de cabeça para baixo."

Bandeira se despede, assina a carta com um *M*, mas permanece incomodado com o problema das lagoas. E então põe um *post scriptum*:

> Caso encrencado o das lagoas polidas! Agora estou me habituando com as "polidas lagoas de cabeça para baixo". A arrumação devia levar a interpretar certo à primeira vista. No entanto aqueles rios vêm de trás como uma embalagem que leva a gente de bubuia...
>
> Haveria possibilidade de intercalar anteriormente a imagem das lagoas de cabeça para baixo? Assim quando o leitor chegasse ao pedaço encrencado, entenderia.
>
> Em todo o caso, está bom, embora corra o risco de não ser bem entendido.

Para Bandeira, pois, a "encrenca" persistia, insolúvel. E a sugestão de se "intercalar anteriormente a imagem das lagoas de cabeça para baixo", com o objetivo de preparar o leitor para o "pedaço encrencado", é coisa meio louca, apenas anteciparia a "encrenca" do leitor... Mas uma "encrenca" que parece ser muito mais de Bandeira, de sua leitura, do que dos versos. Que hoje se lêem, sem problemas, quase que na forma (com a supressão de um *se* no primeiro verso e, no segundo, inversão de "lagoas polidas") adotada por Mário na carta de 7 de novembro:

> Até acalmarem muito longe exânimes
> Nas polidas lagoas de cabeça pra baixo.

Outro episódio de "encrenca" bandeiriana foi com relação ao poema "Vitória-régia", de Mário. Embora hesitante, ele o envia com a carta de 30 de agosto de 1927. Bandeira responde (3 de setembro) que se trata de uma "criação sem vida". Que não é poesia, mais parecendo "um capítulo de história natural (...) onde há uma mistura de literatura e ciência. Você deve grafá-la em períodos corridos". Mário, na carta de 4 de outubro, aceita a crítica e a sugestão. Mas, como defende alguns aspectos do poema, Bandeira perde a paciência e responde, seis dias depois:

> Quanto à "Vitória-régia": concordo que os versos estão bem movidos "com calma e suntuosidade", mas será talvez isso que me desagrada? No fundo a vitória-régia me aporrinha. As rainhas me aporrinham: eu nada tenho que ver com rainhas. Me fale numa rosa, isso sim. Como criatura pervertida e complicada, na orquídea. Mas a vitória-régia é rainha: bruto luxo, na intimidade de fato fodendo com uns sacanas de besouros fedorentos... Catarina da Ru... do Amazonas. Seu Mário, se eu fizesse um poema eu esculhambava com a vitória-régia!

Mário deve ter lido isto com espanto e boas risadas. E o poema "Vitória-régia" acabou se transformando num relato poético de *O turista aprendiz*.[104]

---

[104]Andrade, Mário de. *O turista aprendiz*. Estabelecimento de texto, introdução e notas de Telê Porto Ancona Lopez. São Paulo: Duas Cidades, Secretaria da Cultura, Ciência e Tecnologia, 1976, p. 86-89.

A crítica, mesmo exercida nos mais altos termos, e geralmente aceita com compreensão, ainda quando as sugestões não eram acatadas, não poderia deixar, aqui e ali, de provocar traumas e abrir feridas. Na verdade, a correspondência já começa com um *casus belli*: o poema "Debussy", que Bandeira enviara a Mário como uma "laboriosa e voluptuosa manipulação de alquimia subjetiva, com incalculável arsenal de subentendidos imponderáveis" (*M & M*, p. 60). Em sua resposta, depois de elogiar o *Carnaval*, dizendo ser aquele livro "um clarim de era nova, cantando já sem incertezas nem rouquidões", Mário escreve:

> Os teus trechos de *verdadeiro* verso livre são magníficos. Gosto menos do "Debussy". Esplêndido como fatura, não há dúvida. Mas a fatura pouco me interessa. Entendo Debussy duma outra maneira. Não tenho a *sensação* Debussy ao ler teus versos. Nem mesmo do autor de *Boite à joujoux* e do *Children's corner*. Sabes que mais? Lendo ou evocando o teu pequeno poema, lembro-me imediatamente, imagina de quem?... de Erik. O Satie do *Minuete*, da *Aubade*, dos *Morceaux en forme de poire* (p. 62).[105]

Bandeira fica chocado com a "incompreensão". Na carta seguinte, depois de elogiar a poesia de Mário, ele desabafa: "E o meu 'Debussy'? Tristeza! Incomunicabilidade dolorosíssima das almas!" Mário não *sente* Debussy como ele. Mas também deve saber que o poema não é "todo o Debussy", porém apenas

> aquele aspecto *fugace* que em falta de melhor apelativo chamarei a *sournoiserie* de Debussy. Ele começa como quem batuca por desfastio com três notinhas que vão e vêm, a gente sorri e daí a pouco ele põe o dedo a furto numa fibra dolorida e então a gente cai em si e chora. No que respeita à técnica o *Para cá, para lá* são os 1ºs compassos da *Réverie* mas *à rebours*, que na *Réverie* as notas oscilam do grave para o agudo e do agudo para o grave.

---

[105]Em nota a este trecho, Marcos Antonio de Moraes lembra que em 1939 Mário faria um paralelo entre Satie e Debusssy, "com evidente prejuízo do primeiro". O artigo — "Laforgue e Satie" — está em *Música, doce música*. Mário condena em Satie a "simplicidade procurada, reacionária, erguida como bandeira contra a música cheia de sons dos impressionistas. Principalmente contra Debussy, cuja glória o despeitado Satie jamais se dispôs a perdoar" (*M & M*, p. 63).

Mas esta explicação não lhe parece suficiente. Mário não sentira o que Bandeira esperava que sentisse — e muito provavelmente aquela explanação técnica não bastaria para eliminar a incomunicabilidade. Então, como num gesto de desespero, ele traz à tona a *fonte* profunda do poema, como que esquecido de que não é a emoção original que emociona o leitor — e sim o objeto de arte, o (no caso) poema, a composição que deflagra a emoção *estética*. E o que se lê é uma patética confissão:

> Mas se houvesse no meu "Debussy" apenas essa onomatopéia afetuosamente satírica eu não o teria publicado. Há ainda que um dia vi naquela atitude uma menininha de três anos, que então acreditávamos inapta para a vida por uma lesão cardíaca precoce, e isso despertou-me uma ternura profunda misturada à lembrança da *Jeune fille aux cheveux de lin*.[106] E aquele novelozinho de linha que oscila umas três vezes e cai pareceu-me a imagem da vida daquele anjinho e depois, por uma colossal ampliação e sucessão de círculos, a imagem da minha vida, da vida de todos nós, e dos mundos e do universo.
>
> É evidente que nada disso me absolve perante a sua incompreensão. Eu não tive força bastante para sugerir musicalmente, como tentei, esse estado d'alma.

As sugestões possíveis de um poema são incontáveis, sobretudo no caso dos textos menos lineares. O "Debussy" tem sido capaz de inúmeras sugestões e interpretações, assim como causa perplexidade, mas só seu autor poderia ter na alma a imagem da menininha condenada a uma morte precoce. Esta fonte profunda, que ele abre ao amigo, é algo muito além do leitor. O que chega a este é o objeto de arte — que nem sempre (ou talvez nunca) consegue sugerir o "estado d'alma" original. E nem precisaria, pois a *verdade* em arte está ligada à legitimidade, à autenticidade estética, à funcionalidade da obra. Estas características é que definem a sua *sinceridade*, nada tendo a ver com fidelidade a fatos ou valores morais. A "experiência" é muito menos uma vivência, uma experimentação do factual, do que uma *percepção* nascida da sensibilidade. Carlos Drummond

[106]Marcos Antonio de Moraes, em nota de rodapé, observa que o título correto é *La fille aux cheveux de lin*, composição incluída no livro I da série *Prelúdios* (1910) de Debussy (p. 67).

de Andrade, que jamais enviuvou, escreveu uma "Cantiga de viúvo" (*Alguma poesia*) que revela toda essa "experiência", exemplar em *sinceridade* artística, mesmo sendo ele ainda um jovem poeta. Ora, Manuel Bandeira sabia disto — das questões de experiência e sinceridade em arte — melhor do que ninguém. Por que, então, conduziu o amigo à fonte profunda? Porque não podia aceitar aquela "incomunicabilidade". Porque queria que ele soubesse tudo e, sabendo-o, partilhasse com ele, integralmente, a emoção. Só que aí não era mais a emoção literária — mas a que sentimos diante de uma criança gravemente doente, sem perspectivas de vida. Diante disto, que poderia fazer Mário de Andrade? Nada. Certamente se comoveu com o relato, mas aquele era um episódio do drama da vida, não uma construção estética. Assim, não tinha lugar numa conversa sobre poesia. Penso que Mário ficou, além de comovido (com a memória dolorida do outro), perplexo. Não tinha o que dizer — e nada disse.

Mas muito ainda teriam que se dizer mutuamente, no troca-troca de poemas e opiniões. Mário aceita mais facilmente as críticas, tanto que Bandeira adverte (p. 112): "A facilidade com que vais aceitando as minhas sugestões atemorizam-me. Vê lá. Pesa-as bem sempre." E noutra ocasião, quase um ano depois (p. 150): "Tomaste muito à conta de correções o que fui lançando rapidamente à margem dos teus poemas. Aquilo tudo eram apenas sugestões." Às vezes a crítica é pública, porém logo gera conseqüências nas cartas, como no caso do "Manuel Bandeira", artigo de Mário sobre *Poesias* (*Revista do Brasil* nº 107, cit.). Tomando conhecimento do texto, Bandeira escreve imediatamente a Mário: "A sua análise está realmente sensacional. Que espinafração gostosa! (...) Se lhe interessa ouvir um contra-comentário, fá-lo-ei em outra carta. (...) Aqui vai só um abraço pelo saborosíssimo bem que me fez a sua forte crítica. É Mário até ali!" E Mário responde, de imediato, desta maneira:

> Quero, sim, o comentário do meu artigo. Tenho a convicção de que fiz coisa boa e dei o melhor de mim, mas não tenho a convicção de não ter errado. Comente e discutiremos. Ou não discutiremos se eu aceitar os teus argumentos... Isso é o de menos, comenta sempre (p. 164).

E Bandeira comentou. Um comentário repleto de queixas, rejeições à crítica, explicações e justificações — ou tentativas de justificações — variadas. A carta, de 27 de janeiro de 1924, começa assim:

> Antes de entregar meus versos à tipografia, mandei-os a você, pedindo-lhe que os criticasse: o meu desejo era que você fizesse com eles o que eu, a seu pedido, faço com os seus: uma espinafração isenta de qualquer medo de magoar ou melindrar — crítica de sala de jantar de família carioca, de pijama e chinelo sem meia. Você tirou o corpo fora e limitou-se a aconselhar a supressão de um soneto. Se você tivesse me dado outros conselhos, o meu livro sairia mais magro porém certamente mais belo (p. 165).

A mágoa é evidente. O livro sairia melhor, se o amigo tivesse feito as críticas que viria a fazer no artigo. Bandeira se sente como que traído. Dois dias depois, angustiado, Mário responde (p. 168):

> a tua carta de agorinha me entristeceu, me alvoroçou, me alegrou, mas sobretudo me entristeceu. Começa com aquela queixa, espécie de gemido amigo, tão silencioso "antes de entregar os meus versos à tipografia, mandei-os a você, pedindo que os criticasse etc." e dizes que eu não critiquei. Fiquei corrido de vergonha e principalmente triste. É verdade. Essa mesma censura eu me tenho feito várias vezes e não discuto: é verdade. Mas ainda eu quero comentar um pouco o caso não para me desculpar propriamente, mas pra diminuir um pouco o tamanho da falta e pra te dizer com toda a verdade da parte que se conserva pura em mim, que não fui insincero contigo. Deus me livre, por exemplo, que você pense que ao ler os teus originais eu tenha dito pra mim: "Não, isso eu vou guardar pra cascar na crítica de quando sair o livro." Isso eu era incapaz de fazer contigo e é pensamento intolerável pra mim que imagines sequer de leve eu tenha feito isso. Não fiz.

Mário admite que quase nada realmente disse ao ler os originais de Bandeira, mas argumenta que certas coisas não são descobertas numa primeira ou segunda leitura, revelam-se depois, "por acaso", como Bandeira sabia tão bem quanto ele. E prossegue:

Eu me limitei a notar, quando te escrevi sobre teus originais, creio que só a exclusão dum soneto, porque esse soneto era ruim. Te prejudicava. Era besta. Todos nós fazemos dessas besteiras. O resto começa por ser criticável mas já não é ruim. Não te aumenta. Mas também não te diminui. Não faz mal nenhum pra Manuel poeta que ele tenha publicado "Morte de Pã" por exemplo. Não te eleva acima da grande maioria como é o caso dos "Sapos", da "Rua do Sabão" por exemplo. Mas não te inferioriza. Me lembro que eu já observara a ruindade geral dos teus alexandrinos. Mas hesitei em te dizer isso. De que valia? Era um livro pronto pra entrar no prelo, não um ensaio de formação de livro como os que te mando pra criticar. Demais a maioria dos alexandrinos estão na *Cinza das horas*, livro já publicado então. Se te dissesse isso, só servia ou serviria talvez pra te desgostar de alguns poemas teus, uma porção em alexandrinos. Se os tirasse o livro diminuía muito. E pra quê? Se já tinham sido publicados. Era uma diminuição inútil. Acresce que um livro representa uma época. *Cinza das horas* representa uma época de você. Essa época ainda aumenta o valor da libertação posterior que produziu o *Carnaval* e principalmente a rítmica superior do teu verso livre. Acresce ainda que se o alexandrino era mau, muitas vezes o que estava dentro dele era bom. Quanto a outras observações que eu fiz na minha crítica, confesso que a infinita maioria delas só me surgiu agora.

Feitas estas justificações, Mário aborda problemas que lhe surgem em seu exercício crítico — indo das dificuldades intelectuais a razões de ordem psicológica, passando pela feira de vaidades do mundo literário:

Não sei se já te confessei a minha dificuldade de observação crítica. Todos os meus trabalhos críticos, Manuel, representam uma soma enorme de trabalhos e paciência. Releio muitas vezes uma coisa. Penso, torno a pensar... De repente a observação crítica surge rápida, nua, isso é que me dá raiva. Parece que podia surgir logo no princípio. Os reparos críticos que fiz do teu livro representam não sei quantas, talvez mais de dez leituras completas das poesias. E agora deixa eu te confessar mais uma coisa que foi um sentimento recalcado (como diz Freud) quando escrevi a crítica mas que me surgiu nítido agora com a tua carta. Eu quando escrevi sobre você tive uma intenção oculta. Oculta. Oculta até pra mim, inconsciente, antes subconsciente, mas inexpressa em idéia pela inteligência. Entre nós dois eu vejo uma coisa: escreveste aquela historiada fazendo intrigas com os amigos pelo jornal.[107] Mandei-te crítica severa do teu ato. Não te zangaste porque não tens a vaidade de ser gênio infalível. Mandas-me crítica severa dos meus versos. Não me zango porque jamais tive a vontade sequer de ser gênio infalível. Mas o que a gente vê em torno são umas vaidades impossíveis. É X... se zangando comigo por causa dos... É o Y... quase zangado também porque esculhambei com o... É o jeito, essas políticas do Z... e de mil outros, penca de vaidosinhos. É o X... ontem na casa de D... Tão irritante que o Y... não pôde se conter até disse uma grosseria. Ora quando eu escrevia a crítica do teu livro era o caso do X..., caso do Y..., caso do Z..., caso dum "amigo"do Norte que se zangou comigo por causa dumas coisas que eu disse pra ele... É sobre isso; e que isso me preocupava e maltratava, a gente prova com aquele desabafo que está no fim do artigo. Vai e eu fui severo demais contigo, casquei rijo, pra dar a esses gênios de vaidade um exemplo de liberdade crítica, e de aceitação. Porque eu sabia que eras incapaz de ficar zangado. Forcei a nota.[108] A tua pobreza de alma aqui te prejudicou. Comecei por ti, e também pelo Y... que também é bom, fica tiririca no momento, mas logo se esquece, pra depois fazer como os outros a mesma coisa. Se se zangarem, que vão pra... Estas são as razões verdadeiras que diminuem o tamanho de minha falta. Não fui insincero. Não deixei de ser teu amigo um segundo. Fui leviano na amizade. Isso acontece com pessoas melhores do que eu. Esquece o que te fiz.

[107]Nota de Manuel Bandeira: "Refere-se a uma crônica que publiquei na *Gazeta de Notícias*, desta capital, e na qual caçoava, sem nenhuma intenção maldosa, dos modernistas de São Paulo. Os paulistas, e entre eles Mário, não compreenderam a brincadeira, levaram a coisa a sério e ficaram sentidíssimos."

[108]Nota (155) de Marcos Antonio de Moraes: " '[...] já estou cansado de me fazer seco', sintetiza MA, no final de 'Manuel Bandeira'. Em seguida faz indiscreta declaração de amizade, confessando a irrestrita admiração ao amigo poeta com quem se mostra em pleno exercício da crítica sincera. Não deixa todavia de aproveitar o momento para cutucar os modernistas cariocas, em uma estranha referência aos 'cambalachos político-literários'. Ficamos sabendo, em carta de MA a Prudente de Moraes, neto, de 16 de dezembro, a finalidade da expressão velada: 'Dirijo aquilo diretamente a Graça principalmente e Ronald e Renato [...]'."

Na crítica, Mário duvidara da "sinceridade" do poema "Desalento", de *A cinza das horas*. Marcos Antonio de Moraes transcreve o trecho na nota 143:

> "Eu faço versos como quem morre"... Mentira! É mentira que quem faz versos age como quem morre. Ninguém poetou jamais a se exaurir, a não ser por essa teatralidade ingênita que herdamos da nossa mãe cotidiana, a hipocrisia. Que cantos de cisne, nem nada!

A reação de Bandeira é vigorosa:

> Fiquei espantado de você condenar "Desalento". Será preciso ser tísico para sentir certas coisas de tísico? O juízo dos tísicos a respeito do poema é unânime. Aquela "pesada, rude canseira" é observação musical perfeita. Ainda me sinto aquela alma "tímida e pervertida". Acho uma das coisas mais minhas e melhores. Pela verdade de introspecção e justeza de expressão. A cenestesia do poema se restabelece instantaneamente quando o releio, faz agora 16 anos que o compus numa crise quase mortal de consumpção neurastênica. Este, "Epígrafe" e mais alguns poucos, foram realmente feitos como que a morrer. É coisa que não se pode discutir. Daria em bate-boca de sapo:
>
> — Eu faço versos como quem morre!
>
> — Não faz!
>
> — Faço!
>
> — Não faz!
>
> Etc.
>
> Apenas revido-lhe que o que se chama morte propriamente é manifestação vital, e às vezes de uma intensidade prodigiosa. Penso na agonia de meu pai. Todo o organismo intacto e rijo. Apenas — os canalículos renais não funcionavam. O último estertor foi um arranco desesperado para a vida. Eu senti! E estava debruçado sobre a boca dele.

E Bandeira insiste em sua "sinceridade":

> O soneto "Renúncia" foi feito com 40°, vômitos, suores frios, escarros de sangue — o quadro clínico completo de uma *poussée* tuberculosa. "Os sinos" subdelírio num acesso de gripe que os médicos tomaram por uma infecção secundária estafilocócica.

Mário de Andrade repensa suas palavras, faz algumas concessões — mas não se convence inteiramente. Na mesma carta que acabamos de ver, diz que "talvez" Bandeira tivesse razão, que "Desalento" poderia ter sido mesmo escrito "no momento horrível que me contas". Mas, seja como for, o poema continua a irritá-lo — porque é "descarado", "indiscreto demais". E prossegue:

> Engraçado isso dum chamado modernista como eu achando qualquer confissão indiscreta. Nem sei como me defender e não me defendo. Tem muito verso por aí escrito "como quem morre", a gente não pode negar, e que no entanto o poeta faz passando muito bem graças a Deus, num momento de displicência entre um conhaque e uma noite bem dormida. É em nome da própria sinceridade que a sinceridade artística tem de ser retida pelo meio. (...) A sinceridade sem vergonha que o modernismo às vezes usou é um erro. Daí aquela minha dúvida expressa no prefácio do *Losango cáqui*, se temos o direito de chamar de poemas os nossos movimentos líricos. Eu também me entusiasmei pela sinceridade sincera na arte. A *Escrava* que é de princípios de 1922 diz isso. Hoje eu me entusiasmo mais pela sinceridade artística que por ser artística não deixará de ser psicológica, e real. A história é que versos a gente faz pros outros lerem. E te desafio de me provares a sinceridade de "Desalento" e a insinceridade de "Palinódia" de Gonçalves Dias, ou melhor ainda, do admirável "Nise, Nise, onde estás?" do Cláudio Manuel. O teu foi escrito em momento de dor, aqueles juro que não, quando muito se poderá aceitar que sejam reminiscências líricas de momentos vividos que passaram (o de Cláudio quase juro que nem isso) mas a intensidade vital artística dos três comparados é igual.

Os de Gonçalves Dias e Cláudio Manuel da Costa são poemas que, como diz Marcos Antonio de Moraes (n. 158), "simulam a dor paroxística da desventura amorosa". "Palinódia" se inicia por estes versos:

> Se só pór vós, Senhora, corpo e alma,
> Apesar da aversão que tenho ao crime,
> Inteiro me embucei nos seus andrajos,
> Em tremedal de vícios;

Se só por vós descri do que era nobre,
Porque envolto em torpeza imunda e feia,
As vestes da virtude imaculada
Rebolquei-as no lodo;[109]

e o soneto de Cláudio Manuel da Costa é assim:

Nise? Nise? onde estás? Aonde espera
Achar-te uma alma, que por ti suspira,
Se quanto a vista se dilata, e gira,
Tanto mais de encontrar-te desespera!

Ah se ao menos teu nome ouvir pudera
Entre esta aura suave, que respira!
Nise, cuido, que diz; mas é mentira.
Nise, cuidei que ouvia; e tal não era.

Grutas, troncos, penhascos da espessura,
Se o meu bem, se a minha alma em vós se esconde,
Mostrai, mostrai-me a sua formosura.

Nem ao menos o eco me responde!
Ah como é certa a minha desventura!
Nise? Nise? onde estás? aonde? aonde?[110]

E Mário prossegue:

Eu não gosto por isso do "Desalento" embora reconheça nele comoção, movimento e, indiscutível agora que sei, sinceridade. Nem posso dizer propriamente que não gosto. Me irrita, isso. Agora quando te vejo disfarçadamente dar a tua tísica ao José da "Rua do Sabão", coitadi-

[109]Dias, Gonçalves. "Segundos cantos". In: *Grandes poetas românticos do* Brasil. São Paulo: LEP, 2. v., 1959, p. 87.
[110]*Poemas de Cláudio Manuel da Costa*. Organização, seleção e notas de Péricles Eugênio da Silva Ramos. São Paulo: Cultrix, 1976, p. 39.

nho! me comovo sublimemente, artisticamente e vitalmente, vejo toda a tua tragédia sinceramente expressa ali, tragédia de que falei friamente na minha crítica mas que respeito e que amo e vivo na nossa amizade.

Já vimos, no Capítulo 3, a identificação de Bandeira, inclusive no aspecto da doença, com a gente do Curvelo e adjacências. Com o menino José, a tuberculose é "compartilhada" desta maneira:

O que custou arranjar aquele balãozinho de papel!
Quem fez foi o filho da lavadeira.
Um que trabalha na composição do jornal e tosse muito.
(...)
E foi subindo...
                    para longe...
                              serenamente...
Como se o enchesse o soprinho tísico do José (*Estrela...*, p. 97).

Após se queixar por não ter Mário feito comentários críticos antes da edição do livro, Bandeira escrevera:

A tuberculose em mim foi uma data histórica. Justíssimo. Eu próprio não sei dizer qual é o verdadeiro Manuel: o manso ou o outro. Antes da doença fui dinâmico como um futurista italiano, verdadeiro azougue, sarcástico, remedador (grande talento de comediante), agressivo, sem maldade de coração mas com muita maldade intelectual. A tísica pôs água nessa fervura toda. Adaptação, força agilíssima em mim. Quase que tenho vivido à custa de inteligência e de paciência. *Carnaval* — explosão do instinto sopitado. *Cinza das horas* e *Ritmo* — segunda natureza. Outro amigo meu, que me conhece bastante, acha que, ainda recuperando a integridade física eu manteria a segunda natureza. Será verdade? Não posso responder.

E Mário responde por ele:

Creio, com o amigo de que falas, que conservarias a segunda natureza mesmo que recuperasse agora a saúde total. Não deixarias mais de

> ser contemplativo, principalmente por causa da experiência, quase saudade, isso, saudade da doença. Saudade não é só gozo-amargo-de-infeliz nem presença-dos-ausentes, deves saber muito disso. O que preferíamos não tivesse existido mas que existiu, foi observado, foi seguido, foi cultivado, foi lutado etc. é espécie de filho também. Se está longe dá saudade. Basta que tenha feito "viver", isto é, gozar ou sofrer, sem horror apavorado nem asco já se vê, dá saudade. Terias saudade que não deseja presença, saudade contemplativa, passiva, que te deixaria no bem-estar, que te conservaria, é melhor, no bem-estar amoroso e compassivamente humano em que estás agora.

Assim, Mário acredita na comoção de Bandeira, mas como algo wordsworthianamente recolhido em tranqüilidade, após a crise. Uma memória — ou *saudade,* como diz — da crise. E, após rebater as considerações do outro sobre a morte, insiste na "teatralidade":

> (...) tens umas considerações complicadas, sutis. "O que se chama morte propriamente, é manifestação vital e às vezes duma intensidade prodigiosa." Não sei que sentido esquisito dás pra morte. Morte é morrer, simplesmente. Deixemos de sutilezas. Morrer é esgotamento das manifestações vitais, e no caso de teu pai, que citas, e que foi também o do meu, morte é luta brava e derrotada das manifestações vitais contra um empecilho vitorioso. Mas agora começo a perceber o que queres dizer com a tua obscura definição. Queres dizer que na morte, no fenômeno morrer permanece no indivíduo uma vontade intensíssima de ficar, de viver. Tal e qual na doença, que hoje se define não como um mal que nos ataca mas como uma reação contra um mal que vai nos prejudicar o organismo. E ainda defendes dois ou três casos que chamas de físico-patológicos da tua arte. Entre outros o "Renúncia" "feito com 40º, vômitos, suores frios, escarros de sangue". Bom, isso agora é incapacidade minha de compreender. Talvez. Eu, qualquer doencinha, pronto: largo tudo, vou pra cama e... começo a morrer. Eu quando fico doente, fico doente, me trato, vivo a doença, vivo pra doença. Tem paciência mas fico naquilo que disse. Toda a gente tem uma certa "teatralidade ingênita" herdada dessa mãe comum, a hipocrisia. Ora você compreende: um sujeito com 40º de febre, escarrando sangue, vomitando e que se lembra de escrever um poema, fazer

arte que tem 14 versos, rimas em lugares certos, tantas sílabas pra cada verso. Recorda bem o momento teu, faz friamente a psicologia de ti mesmo, daquele instante e descobrirás a teatralidade ingênita. Isso não implica insinceridade e hipocrisia propriamente, Manuel. Agora é minha vez de usar o "propriamente". É uma herança natural porém da hipocrisia, da insinceridade que são fenômenos "sociais" e que toda a gente, toda, tem porque o homem é um bicho social e inteligentemente, pela "inteligência" se associa, não por instinto. Você já deve ter reparado também que muitas vezes você faz uma coisa, diz uma coisa e fica admirado depois. Ora por que eu fiz aquilo se não sou eu, se aquilo briga com os meus sentimentos e minhas idéias! Estás admirado e no entanto não tens remorsos, a consciência não te acusa. É que a consciência sabe pesar melhor mesmo que a razão e leva sempre em conta a teatralidade ingênita que é também comparável com o espirro, com o bocejo etc.

Mas Bandeira não pode aceitar tais argumentos. Para ele, de fato, assim se fizeram tais poemas, como já vimos antes e ele repete inúmeras vezes — em cartas, artigos, entrevistas, no *Itinerário de Pasárgada*. Ao publicar a carta de Mário, apôs-lhe uma nota de rodapé:

Tive de explicar a Mário que "não me lembrei" de escrever o soneto, não quis escrever coisa nenhuma: o soneto é que se organizou em mim na excitação do sub-delírio. O fato de ser um poema "que tem 14 versos, rima em lugares certos, tantas sílabas pra cada verso" não tem, pelo menos para mim, a mínima importância: *believe or not*, o meu soneto "O lutador" foi feito, fez-se em mim, durante o sono. (In: Andrade, Mário de. *Cartas a Manuel Bandeira*, cit., p. 47-48.)

O debate é encerrado por Bandeira na carta de 3 de janeiro de 1925:

Não retrucarei no assunto da morte. Nada que disse era simbolicidade. Era ciência. Afinal você conhece essa coisa por ouvir falar. Eu, por experiência. Não morri de vez, mas já morri uns pedaços. Saudade nada! Os dois primeiros anos de doença foram um martírio em que não gosto de pensar.

Hoje a minha tuberculose é uma doença penteadinha, que toma gelados e usa *palm-beach*. Mas naquele tempo...

A incomunicabilidade das almas, como disse Bandeira, se manifestaria outras vezes. Não de forma "dolorosíssima", como o caso que vimos, mas sempre incomodando. Como quando Bandeira escreveu (carta de 21 de dezembro de 1930) agradecendo o envio de *Remate de males*: "Ainda não sei gostar dos 'Poemas da negra', embora nada haja ali que me desgoste", o que provocou, dez dias depois, este comentário de Mário:

> Você não chegar até os meus "Poemas da negra", ara... Confesso que isso me dói, muito embora só possa me admirar da franqueza de alma com que você ou eu erramos na apreciação possível desses poemas.

Mário admıte, resignado, que "essas coisas se dão mesmo", como "uma incapacidade" que tanto podia ser de Bandeira quanto dele. Quando Bandeira publica, em 10 de janeiro de 1931, uma crônica sobre Mário, este diz, na carta do dia 12, não ter entendido o "ar reservado" do amigo a respeito dos "Poemas da negra". E prossegue:

> Seu artigo, em quanto se refere à compreensão amorosa do livro, é um prodígio de compreensão bem íntima, quero dizer, também sentida, também vivida. Aliás eu devia ter entendido melhor uma frase que você já me tinha escrito sobre eles: Não tenho nada contra eles mas não sinto. Também você se expressou mal. Me parece que o que não existe da parte de você a respeito desses versos, é mesmo o que não era mais possível exigir duma personalidade feita, como você: aquela desintegração andeja de si mesmo, próprio dos espectadores não profissionais e dos poetas novos ou incapazes duma integridade pessoal irredutível, desintegração que permite a gente renascer em si num aspecto novo que a obra-de-arte observada nos dá, e só do autor dela vem.

Mário acha que tal coisa pode, sim, acontecer com pessoas de "personalidade irredutível", como Bandeira, mas "só quando a obra-de-arte observada coincide com a nossa realidade pessoal na sua (dela) realidade máxima e mais profunda, mais diretriz, mais originária". E conclui:

> Ora isso eu não podia mesmo exigir de você cuja evolução vai se fazendo em direção sentimental cada vez mais oposta à minha. Falei em "direção sentimental" pra designar aquela parte de nós que às vezes se reduz a poesia.

Ao que Bandeira, em 23 de janeiro, responde desta maneira:

> Por que é que no caso da "Negra" e da "Amiga" eu não sinto os poemas nos detalhes embora os sinta em bloco? Certamente não é por não compreender o sentido de muitas metáforas. Será que o elemento puramente sonoro não encerra voltagem lírica suficiente para me comover? Oh que mal-estar!

Um mal-estar recíproco, evidentemente. Mas assim é: nem sempre podemos fruir a arte como o artista espera, ou como gostaríamos de fruí-la. Mesmo quando se trata de um artista cuja arte costumamos admirar e sentir profundamente. Fosse como fosse, Bandeira acabou mesmo gostando daqueles poemas, como diz na carta de 12 de janeiro de 1944, ao discutir a "arte interessada" pregada por Mário:

> A verdade é que em tudo que fazemos há interesse e arte ou qualquer outra atividade desinteressada é coisa que não existe. Lembro-me que hesitei em publicar o meu primeiro livro de versos porque eram tão pessoais na sua tristeza de doente todo voltado para a sua doença. Depois, com o tempo, vi que as minhas queixas exprimiam queixas de outros, davam consolo a outros. Recebi confidências nesse sentido. Fiquei muito confortado porque não me senti mais inútil. Um poeta que se exprime ingenuamente, mesmo que tenha a ilusão de fazer arte pura, age socialmente.[111] Os seus "Poemas da negra" e da "amiga" são os me-

[111]Coisa semelhante ele dirá no *Itinerário de Pasárgada*: "... publiquei a *Cinza das horas* para de certo modo iludir o meu sentimento de vazia inutilidade. Este só começou a se dissipar quando fui tomando consciência da ação dos meus versos sobre amigos e principalmente sobre desconhecidos. Uma tarde voltei para casa seriamente impressionado de ter ouvido, na Livraria José Olympio, Raquel de Queirós me dizer: 'Você não sabe o que a sua poesia representa para nós.' Foi a força de testemunhos como esse, às vezes de gente quase de todo alheia à literatura, que principiei a aceitar sem amargura o meu destino" (*Poesia...*, p. 112).

nos interessados nos outros, da sua obra: Valem mais socialmente que os de *Há uma gota de sangue*, porque são boa poesia.

Na verdade, já na crônica de 10 de janeiro de 1931, publicada no *Diário Nacional*, Bandeira falava muito bem dos "Poemas da negra" e dos "Poemas da amiga". Incluída em *Crônicas da província do Brasil* (*Poesia...*, p. 183-185), sob o título "Mário de Andrade" (no *Diário* aparecera com o título "Mestre Mário de Andrade"), é uma análise da evolução da poesia marioandradiana, com destaque para os dois poemas em pauta. Segundo Bandeira, eles transformam Mário "no mais sereno, no mais disciplinado, no mais azul dos nossos poetas de todos os tempos". E o cronista prossegue:

> Por maior que seja a incompreensão em que nos deixam muitas das imagens dos *Poemas da negra* e *da amiga*, é impossível ficar insensível ao tom de repousante calma que todos eles respiram, uma impressão de altura em que se perdem os ecos odientos da controvérsia humana e aonde só chegam os harmônicos de um lirismo sutilmente, tão sutilissimamente organizado.

5.3 – LIRISMO, INFLUÊNCIAS, ORIGINALIDADE

Tanto Bandeira quanto Mário, como já vimos, admitiam abertamente suas influências — e até mais do que simples influências. No entanto, poetas que eram, criavam com suas "próprias forças", isto é, produziam, com toda influência que pudesse haver, obras originais, pessoais. No Capítulo 2 abordamos as influências de Bandeira, de um modo geral, assim como críticas de Mário a algumas influências — ou "reminiscências" — e ao lirismo (não-intencionalidade do poema). Quanto a este último, transcrevemos trecho da carta de Mário de 7 de maio de 1925, quando são comentadas as tais "poesias que não são poesia, são lirismo", reflexão já há algum tempo desenvolvida por ele. Que, na carta de 16 de novembro de 1924, ao registrar o recebimento do poema "Comentário musical", de Bandeira, escreveu:

> (...) vem a dar naquela minha discussão comigo, que expus no prefácio do *Losango cáqui*. É lirismo puro. A poesia se ressente porque falta a intenção-de-poema, isto é, a intenção de fazer um poema, que é uma peça de arte, peça inteira, fechada, com princípio, meio e fim. O teu poema não acaba. E pra ser poema precisa acabar. Carece não confundir lirismo e poesia.

Mário pensou assim durante toda a vida. Em 1925, escrevendo sobre Blaise Cendrars (*Estética*, nº 3), dizia ver em *Le formose*

> mais um livro de lirismo que um livro de poesia propriamente. Poesia é uma arte. Toda arte supõe uma organização, uma técnica, uma disciplina que faz das obras uma manifestação em si mesma. (...) Cendrars confundiu muito a sua técnica, a sua disciplina com a realidade da sensação. Isso é ruim. Sinceridade sincera por demais. Impressionismo.

Em carta a Oneyda Alvarenga (2 de janeiro de 1933), pedia-lhe que tivesse sempre na lembrança que "*lirismo não é poesia, ainda não é poesia*". E, escrevendo a Alphonsus de Guimaraens Filho (20 de fevereiro de 1944), observou: "Um estado lírico em ebulição ainda não quer dizer poesia."

Em sua resenha sobre *Losango cáqui*, como vimos no Capítulo 2, Bandeira confessava que o lirismo lhe bastava. A resenha é de 1926, mas, na carta do Natal de 1923, já apontara tal característica, ao comentar seu poema "Variações sobre o nome de Mário de Andrade": "Quando li os versos impressos, achei-lhes frouxa unidade poemática. Era preciso desenvolver mais, construir melhor. Mas eu sou assim: quando digo o essencial da minha emoção, todo o resto me parece supérfluo e desprezável." Na carta de 19 de maio de 1924, referindo-se a *Poesias*, escrevera: "Já comecei a receber provas do meu livro. Impressão má. Muitos poemas impessoais. Muito *pur sanglot* que não chega a ser poema." E, em 20 de novembro do mesmo ano, aceitara as críticas de Mário: "E muito obrigado de ter enfim dado opinião sobre os meus versos! É a primeira vez. Tens razão, não é poema. Aliás característica de quase todos os meus versos. Por isso não chamei a minha coleção de *Poemas* e pus o título de *Poesias*." Uma "solução", aliás, que não serviria a Mário, para quem *lirismo* — "*pur sanglot*" — e *poesia* jamais deveriam ser confundidos.

Quanto às influências, mesmo sendo ambos *reminiscentes* confessos (e Mário chegou a admitir abertamente até cópia, como mostramos em *Tumulto de amor...* — "Maniqueísmo e plágio", p. 19-44), não deixavam de discutir o tema em sua correspondência. Comentando a crítica "Manuel Bandeira", na carta de 27 de dezembro de 1924, Bandeira assume as influências lusitanas apontadas por Mário (que citou exemplos de "dicção lusa" e algum "mau gosto") de maneira segura, como viria a fazê-lo outras vezes. Para ele, essa influência se apoiava em fundamentos estéticos, e ele se recusava a renunciar "a uma infinidade de recursos expressivos do português moderno e arcaico", pois o essencial "é que apareçam na linguagem como recursos de expressão artística".[112] Respondendo-lhe, no dia 29, Mário diz que o que fez no artigo foi uma "observação psicológica", não censura. Acha, na verdade, que tal influência é um mal "menos pior" que o da influência francesa, mas persiste na condenação às paráfrases e à busca "de expressões que não são tuas, de poetas antigos e palacianos", entre outros aspectos.

Na carta de 6 de junho de 1922, enviando versos a Bandeira, dizia Mário:

> Aqui vai alguma coisa do que faço agora. Não o comuniques a ninguém. Sei que dizem de mim que imito Cocteau e Papini. Será já um mérito ligar estes dois homens diferentíssimos como grácil lagoa de impetuoso mar. É verdade que movo como eles as mesmas águas de modernidade. Isso não é imitar: é seguir o espírito duma época. As disposições tipográficas dos meus versos correspondem não às teorias dos modernistas Baudoin, Aragon ou Soffici, mas às minhas próprias teorias do *harmonismo* (verticalidade de acordes).[113]

---

[112]A este respeito, além do trabalho de Joaquim-Francisco Coelho, aqui citado, é aconselhável também a leitura de *Presença de autores portugueses em Manuel Bandeira*, de Cleonice Berardinelli. (*Homenagem..., 1986-1988*, p. 123-129.)

[113]Nota (n. 15) de Marcos Antonio de Moraes: "No 'Prefácio interessantíssimo' de *Paulicéia desvairada*, MA teoriza e exemplifica o 'harmonismo' a partir de analogia estabelecida com a música. Distingue o verso melódico 'arabesco horizontal de vozes (sons) consecutivas, contendo pensamento inteligível' do verso harmônico, construção do verso com palavras 'notas' que 'não se ligam. Não formam enumeração. Cada uma é uma frase, período elíptico, reduzido ao mínimo telegráfico'. O artifício sugere a superposição de seqüência de sons/idéias. A teoria do harmonismo permite também, segundo MA, a 'polifonia poética', ou seja, a substituição das palavras por frases soltas, 'melodias', dando a impressão de — termo caro aos modernistas — simultaneidade."

Em resposta (3 de julho), diz-lhe Bandeira que não devia se importar com tais imputações, mesmo porque já tinha visto "essa maneira, forma, estrutura, ou que melhor nome tenha" em diversos poetas franceses e italianos.

> Você é imitador deles como todo o poeta que escreve em metro regular é imitador *de todos os poetas que o precederam* e que foram por ele assimilados. Um poema realmente digno desse nome implica em matéria de sensibilidade e de técnica a assimilação de todo o passado e, a mais, alguma coisa que balbucia — e é a contribuição ingênua do poeta.

Na carta de 19 de setembro de 1925, abordando possíveis inovações modernistas, Bandeira diz a Mário que ele não faria suas coisas modernas — como "Noturno" e "Tarde, te quero bem" (que viria a se chamar "Louvação da tarde") "se não fossem os europeus" E acrescenta:

> Você é profundamente original, pessoal, brasileiro e barra-fúndico, mas a tudo isso chegou por uma seriíssima, atormentandíssima, dolorosíssima e sublimemíssima cultura européia modernista. Prova: *Há uma gota de sangue em cada poema*. Reli-o há dias em casa do Prudente. Fiquei assombrado! Francamente: considero uma merda aquilo: só encontrei *3 versos* que prenunciavam você. Não é exagero, te juro. Só 3 versos.

Bandeira fica "assombrado" com a distância entre o primeiro livro de Mário e a poesia que ele vinha fazendo. Essa capacidade de evoluir que constata leva-o a afirmar:

> Por isso, Mário, tenho essa confiança em você. Do ponto de vista brasileiro só você me satisfaz. Eu disse ao Oswald: "— Você *sente* e critica deliciosamente o Brasil mas não é Brasil; quem é Brasil é o Mário. Você observa, Mário vive isso que você observa. O poeta é ele."
>
> E ele concordou. Tem que concordar porque é inteligentíssimo e a minha observação crítica era inteligentíssima...

Em resposta (4 de outubro), Mário diz não ser tão severo com o seu livro quanto Bandeira, tendo ficado curioso de saber quais os três versos que o amigo achava que o prenunciavam. Tendo relido a obra, por causa da carta, nada encontrara que o prenunciasse, "a não ser um sintoma muito leve, uma vontadinha de acabar com os preconceitos que me peavam". Quanto ao conteúdo, "uma timidez de ser, um convencionalismo não só e nem tanto de forma, de idéia e de ideais. Coisa pobrinha, não tem dúvida". Três dias depois, Bandeira escreve que tinha ficado "com medo de te ter magoado com a expressão relaxada que empreguei a propósito do teu livro de estréia. Falei de pijama e chinela. Quando se está de pijama e chinela, do que é ruim diz-se que é uma merda". Diz que será fácil achar "os tais três versos", acrescentando que achava tudo muito ruim, "nada você", mas "apesar de tudo um ruim diferente dos outros ruins, um ruim esquisito, absurdo, bestapocalíptico onde havia o fermentozinho da personalidade". Mário, porém, em carta postada no mesmo dia, diz que não se magoou nem um "poucadinho" com a opinião de Bandeira sobre o livro, pois vira "perfeitamente" o pijama e o chinelo. No dia 18, humildemente, acrescenta:

> Você tem razão, minha poesia passadista é ruim, pressinto isso mais do que julgo mesmo, você sabe o mundo de ternura que a gente bota num julgamento destes. Eu pelo menos sou muito afetivo pra ter esse domínio necessário, quando a coisa é de outro a gente pode fazer porque o poema é que recorda pelo significado e música, recorda não, cria por ele um estado-de-sensibilidade. Quando a coisa é da gente mesmo imediatamente a gente recorda o estado-de-espírito e sensibilidade que criou a tal, volta pra eles e fica neles. Daí uma dificuldade danada de julgar. Julga, porém a ternura fica e a gente quase julga pelo estado-de-espírito que ditou a poesia.[114]

---

[114]Lembremos o episódio "Debussy", quando Bandeira revelou a fonte profunda do poema, a "sensibilidade" que o gerou e que Mário não poderia — como ninguém poderia — descobrir e, conseqüentemente, *sentir*.

Adiante, na mesma carta, Mário faz um pedido:

> O que faço questão é que você não se esqueça duma expressão inefável que você empregou duas vezes em duas cartas diferentes sobre o meu passadismo: um ruim esquisito. Não posso me lembrar dessa expressão de você sem rir gostoso. É tão verdadeira!

Pedido a que Bandeira atenderá generosamente, pois por várias vezes fará uso da "expressão inefável" ao se referir à poesia de estréia do amigo.

5.4 – DESCOBERTA E REVELAÇÃO DO BRASIL

Enfim, tudo era *construção*. Alimentados pela tradição, eles criavam uma tradição nova. E todas as experimentações e aprendizado deviam ser compartilhados. Na carta de 26 de julho de 1925, Mário diz concordar com esta afirmação de Bandeira: "Acho mesmo que convém que nos imitemos, que nos plagiemos, que nos influenciemos pra firmar cada vez mais essa característica racial que já é patente e bem definida." Concordância que não poderia deixar de ocorrer, pois que Mário era adepto há muito dessa *participação*, como já o vimos afirmar — o que voltava a fazer na mesma carta.

As experimentações e influências eram acompanhadas por uma crítica constante. Tudo era discutido, analisado, avaliado em suas mais variadas possibilidades. Um dos assuntos mais freqüentes era o *abrasileiramento* da linguagem. O que era compreensível, pois o país vinha de uma sujeição quase absoluta ao lusitanismo, ao menos em literatura, e uma das propostas do modernismo — sobretudo de Mário de Andrade — era exatamente escrever *brasileiramente*. A discussão não se limitava ao nível das palavras ou das expressões, levando em consideração a sensibilidade própria da gente brasileira em suas variadas regiões. Variedade que desaguava num todo chamado Brasil, nação que os modernistas estavam tentando descobrir e revelar ao mundo. Esta atenção às manifestações culturais do povo era um dever do intelectual. Mário foi claro em sua palestra de 1942: "O movimento modernista, pondo em relevo e sistematizando uma 'cultura' nacional, exigiu da

Inteligência estar ao par do que se passava nas numerosas Cataguazes" (*Aspectos...*, p. 248).[115]

Bandeira resume, num ensaio ("Mário de Andrade e a questão da língua" — *Poesia...*, p. 1.205-1.216), as posições de Mário ante o problema da fala brasileira, da língua e da literatura. Primeiro, Bandeira o situa como homem, como brasileiro e como artista. Tentando escrever a partir dos 13 ou 14 anos, Mário foi rejeitado pela família, que acolheu suas produções às gargalhadas (o pai se limitou a um muxoxo, mas certamente um muxoxo quase letal). Escorraçado, o poeta emudeceu até por volta dos 20 anos, quando recomeçou, inspirando-se em parnasianos e simbolistas, a fazer versos, provavelmente apenas, pensa Bandeira, "mais exercícios de metrificação". Sua produção permaneceu secreta até a publicação de *Há uma gota de sangue em cada poema*, no qual Bandeira via "procura de formas novas e novos elementos de expressão". Essa procura foi marca de Mário por toda a vida, como já vimos, e um dos seus maiores objetivos — essencial, pois sem isto a literatura brasileira não poderia avançar no sentido da expressão própria — era escrever *brasileiramente*. Não regionalisticamente, porque desta maneira, como Bandeira explica, apenas se criaria "uma espécie de exotismo do Brasil", excluindo "a parte progressista com que o Brasil concorre para a civilização do mundo". Assim, para Mário, a solução seria uma mistura das duas realidades, o que concretizaria uma realidade brasileira "em marcha". E Bandeira sintetiza desta forma a proposta de Mário: "Abrasileirar o brasileiro num sentido total, patrializar a pátria ainda tão despatriada, quer dizer, concorrer para a unificação psicológica do Brasil." O *despatriada*, aliás, surgira no poema "Louvação da tarde", de Mário:

[115]Esta *exigência* generosa a que Mário se refere não tem sido, infelizmente, em particular no tocante à literatura, observada pelos intelectuais de São Paulo. De um modo geral, fechados em departamentos universitários ou órgãos de imprensa apenas acessíveis a eles mesmos, além de alguns *simpatizantes*, ignoram solenemente o resto do Brasil. Especialmente o Nordeste, mostrando-se mais afinados com a ojeriza que Oswald de Andrade tinha a nordestinos. Referindo-se, por exemplo, aos ficcionistas nordestinos da década de 30, aos quais chamava de "Búfalos do Nordeste", disse Oswald que eles haviam perturbado "a alta especulação literária que eu e Mário de Andrade estávamos realizando em *Memórias sentimentais de João Miramar*, *Serafim Ponte Grande* e *Macunaíma*". In: *Os dentes do dragão*. Pesquisa, organização, introdução e notas de Maria Eugenia Boaventura. São Paulo: Globo/Secretaria do Estado da Cultura, 1990, p. 175. Mário de Andrade não concordaria, é claro, com tal afirmação. Quanto aos desprezados "Búfalos do Nordeste", foram eles que acabaram realizando a grande ficção brasileira do século XX.

...Nada
Matutarei mais sem medida, ôh tarde,
Do que esta pátria tão despatriada![116]

Sobre este poema escreve Bandeira a Mário, em 3 de agosto de 1925, destacando o trecho aqui citado e considerando-o "coisa estupenda". Aliás, respondendo carta (13 de setembro de 1925) em que Mário diz estar escrevendo "horríveis" versos livres, os quais saem desligados, pesados, sem elasticidade nem plasticidade, Bandeira parafraseia o trecho do poema para revelar (ou *devolver*) Mário a Mário:

> Seus versos mal feitos e maus?... Você tem que aceitar o seu destino de grande poeta brasileiro que é sempre um sujeito meio desengonçado, como esses meninões que cresceram depressa e andam com roupas fora de jeito, a gente pode se rir mas acaba com inveja da saúde deles. Veja Castro Alves, veja Fagundes Varela:
> "Nada
> Matutarás mais desmedido, Mário,
> Do que esta pátria tão despatriada!"
> A sua obra vai ser como as de Fagundes Varela e Castro Alves uma coisa grandalhona de que a gente não pode gostar em bloco, mas tem que aceitar em bloco.

Ele vê alguns excessos no amigo, mas observa que de modo geral ele escrevia "espontaneamente, como toda a gente que no Brasil escreve com naturalidade". Analisando *Paulicéia desvairada*, diz que as liberdades, "às vezes excessivas", do livro são

> neologismos fabricados por necessidade ocasional de expressão, sem nenhum propósito de diferenciação brasileira, como "luscofuscolares", "suaviloqüências", "jocotam", etc.; um gosto de substantivar advérbios, autorizado na tradição da língua mas estendendo-se aos advérbios em "mente" (*Sentimentos em mim do asperamente*, "O Trovador"; *E os perenementes da ligação mensal*, "As enfibraturas do Ipiranga").

[116]*Poesias completas*. São Paulo: Martins, 1955, p. 252.

Encantado com as "sabotagens gramaticais" cometidas por Oswald de Andrade em *Memórias sentimentais de João Miramar*, Mário, segundo Bandeira, "principiou logo a organizar em corpo de doutrina o que no outro era apenas escaramuça de agente provocador". Mas a tentativa, esclarece ele, não significava reação contra Portugal: "Esquecer Portugal, isto sim." Quanto à *Gramatiquinha da fala brasileira*, não chegou a existir. Segundo Bandeira, Mário nem sequer teve a intenção de escrevê-la. Então, por que a anunciava? Bandeira vê a explicação numa carta a Sousa da Silveira:

> Eu anunciava o livro apenas pra indicar a todos que o que eu estava tentando não era tentado assim ao atá das recordações, mas uma coisa séria, sistemática e bem pensada. Nem isso valeu aliás. Até amigos íntimos imaginavam que eu estava orgulhosamente querendo... inventar a língua do Brasil! Mas eu previa, em principal, o perigo dos moços se lançarem em toda sorte de facilidades, sem sequer pensar que fugir do erro português por muitas partes era ou podia ser cair no erro brasileiro, ficava tão fácil escrever (pra eles)... E caíram também, com a volúpia da incompetência, com a estupidez da facilidade, num mimetismo de desesperar. E em mim tudo isso doeu bastante, acredite, sofri muito. Tanto mais que eu não pretendia ficar em tantos exageros, que não passavam outra vez de novos exercícios de estilo. Estava dando um rebate, não podia gritar que esse rebate era falso! Estava forçando a nota...

Esse forçar a nota é que foi, para Bandeira, seu erro maior — "erro em si, erro em sua obra de criação literária, que por ele se tornava afetada, erro em suas conseqüências, como aquela de que se lastimou na carta a Sousa da Silveira". Erro que ele, Bandeira, considerava desnecessário, pois no Brasil qualquer liberdadezinha no escrever sempre havia provocado escândalo. Mas é também Bandeira quem lhe faz justiça:

> Quando viu que o problema estava notória e suficientemente proposto, isto é, quando os seus erros já não podiam ser atribuídos à ignorância e sim a um propósito sistematizador de introduzir no estilo literário os modismos da fala corrente, sobretudo os bem representativos da psicologia brasileira, procurou despojar-se dos excessos, de que é

documento a segunda edição do *Compêndio da história da música*. Pôde assim chegar à forma brasileiramente pura dos admiráveis "Poemas da negra" e dos "Poemas da amiga" (*Poesia...*, p. 1.211).

A *busca* de Mário sempre foi muito lúcida, sem nada da ignorância nem dos delírios de grandeza que lhe atribuíram tantas vezes. Isto fica claro em dois textos transcritos por Bandeira. O primeiro, de uma carta recebida do amigo:

> Pouco me incomoda que eu esteja escrevendo igualzinho ou não com Portugal: o que escrevo é língua brasileira pelo simples fato de ser a língua minha, a língua do meu país, a língua que hoje representa no mundo mais o Brasil que Portugal: enfim a língua do Brasil. O resto: maior ou menor sintaxização brasileira dos nossos escritores, isto é a contribuição pessoal, não tem importância pragmática nem distingue fala dum e outro.

O segundo, artigo — de 1927 — para o *Diário de Notícias*:

> Nenhum de nós não tem a pretensão de criar uma língua que um português não possa entender. Não se trata de inventar uma fala de origem brasílica e inconfundivelmente original, não. Se trata apenas duma libertação das leis portugas, as quais, sendo leis legítimas em Portugal, se tornaram preconceitos eruditos no Brasil por não corresponderem a nenhuma realidade e a nenhuma constância da entidade brasileira.

Escrevendo para o mesmo jornal, em 14 de abril de 1940, depois de destacar o "valor brasileiro" de Rui Barbosa, Mário cita *Estudos filológicos*, de Antenor Nascentes, e comenta:

> Neste seu livro, o professor Nascentes (...) relata o ganancioso caso de alguns deputados do Distrito Federal e também extinta Câmara Nacional, provavelmente jejunos de assuntos mais salvadores da pátria, terem mandado chamar à linguagem que falamos de "língua brasileira". Não é possível. O bom senso não nos permite tomar semelhante liberdade com a ciência.[117]

[117]In: *Vida literária*. São Paulo: Hucitec/Edusp, 1993, p. 175-176.

O *abrasileiramento* de Mário era também o de Bandeira. Que, sem "forçar a nota", brigava por uma língua que fosse realmente nossa, do nosso falar, vinda da boca do povo,

na língua errada do povo
Língua certa do povo
Porque ele é que fala gostoso o português do Brasil
Ao passo que nós
O que fazemos
É macaquear
A sintaxe lusíada

— como escreveu em "Evocação do Recife". Como falar uma língua e escrever noutra? Por que considerar "erradas" as formas brasileiras de se expressar? Poderia a literatura brasileira continuar viva — afastada que ficava, e cada vez mais, da "boca do povo"? Bandeira refletia a sério sobre tais questões. Da mesma forma que rejeitava, como vimos, os radicalismos técnicos de metrificação — que viam "erros" em hiatos, por exemplo —, condenava a macaqueação da "sintaxe lusíada".

No artigo "Fala brasileira" (*Poesia...*, p. 133-136), comentando crítica de Sousa da Silveira ao livro *O idioma nacional*, de Antenor Nascentes, Bandeira deixa claro o seu pensamento a respeito do assunto. Ele inicia suas argumentações após destacar este trecho da crítica:

> Um lingüista como ele [Nascentes] o é, não podia absolutamente usar daquela denominação [*Idioma nacional*] para encobrir a realidade das coisas, nem entrar na corrente delirante dos que pretendem, pela simples resolução de adotar na língua escrita todas as licenças da língua falada, criar uma língua nova, uma língua que querem não seja portuguesa, sem se lembrarem de que, com esse processo, apenas conseguiriam (se veleidades humanas pudessem desviar o curso natural das coisas) escrever uma língua que seria a portuguesa com alterações numerosas e talvez profundas, mas sempre e em substância a língua portuguesa.

Bandeira acha que as palavras do crítico encerram alguma injustiça "para os que ultimamente se têm aplicado a aproveitar artisticamente na prosa e na poesia brasileira formas e dições da nossa gente, até agora condenadas como incorretas". Tal condenação, lembra ele, era fato antigo e ainda presente. E cita o caso de João Ribeiro, que atribuiu a Tobias Barreto "certa riqueza de idéia, mas grande miséria de gramática", devido aos versos

> Das pedras todas que atiram-me
> Hei de fazer um altar!

O que leva Bandeira a protestar: "Ora, não há aí nenhuma miséria de gramática, salvo para um ouvido português." Esse "ouvido português" seria responsável, por exemplo, pelas acusações de "desleixo" a Lima Barreto, que se servia "em prosa literária de formas correntes na língua falada da boa sociedade", como pelos ataques que José de Alencar sofrera dos gramáticos de seu tempo. E Bandeira continua, agora abordando a luta de Mário — e sem a censura que viria a fazer ao hábito de "forçar a nota" do amigo, como vimos há pouco:

> Foi preciso que aparecesse um homem corajoso, apaixonado, sacrificado e da força de Mário de Andrade para acabar com as meias medidas e empreender em literatura a adoção integral da boa fala brasileira. Não cabe aqui discutir os erros, os excessos, as afetações da solução pessoal a que ele chegou. Nada disso tira o valor enorme da sua iniciativa, a segunda, e muito mais completa e eficiente que a primeira de Alencar. Aqueles mesmos excessos, aquelas mesmas afetações contribuíram para ferir as atenções, para promover reações e discussões, para focalizar o problema em suma.

Considera Bandeira que muito se avançara desde a época de Alencar, graças aos progressos da filologia, modernamente representada por mestres como Antenor Nascentes e Sousa da Silveira, "espíritos sem ranço de gramatiquices", incapazes de considerar "incorretas as pobrezinhas das formas brasileiras, o que não acontecia nos anos em que se aprendia português pelas gramáticas de Sotero, Júlio Ribeiro, Alfredo Gomes".

Retornando ao artigo de Sousa da Silveira, Bandeira diz que ele, embora admitindo nos outros certas liberdades, continua defensor da tradição literária escrita. E se equivoca em sua crítica, pois ninguém jamais falara em criar uma língua nova, uma "língua brasileira". Nem mesmo Mário de Andrade. O qual, lembra Bandeira, jamais se propusera publicar uma "gramatiquinha" da língua brasileira — e sim da *fala* brasileira. O que se queria fazer, na verdade, era "criar na linguagem escrita uma tradição mais próxima da linguagem falada natural, correta mas sem afetação literária, da sociedade brasileira culta". E Bandeira prossegue:

> Entre esta linguagem e a tradição literária existe um abismo como não o há em país algum, inclusive o próprio Portugal. *É que a linguagem literária entre nós divorciou-se da vida. Falamos com singeleza e escrevemos com afetação.*

O trecho — grifado pelo autor — resume admiravelmente o problema em que se encontravam os escritores nacionais. E Bandeira recorda uma história particularmente interessante:

> Humberto de Campos repetiu num dos seus folhetins literários o caso passado com Anatole France que, tendo dúvidas sobre a correção gramatical de um período de sua autoria, recorrera aos bons ofícios de Darmesteter, o filólogo ilustre.
>
> — "De que terra é o sr.?"
>
> — "De Paris", respondeu France.
>
> — "Então é ao sr. que me cabe esclarecer", respondeu o mestre.
>
> Darmesteter entendia que o francês falado por um parisiense culto não podia deixar de ser o bom francês. O mais é literatura, e má literatura.

5.5 – ENCRENCA E GLÓRIA DE *MACUNAÍMA*

O *Macunaíma* foi outro caso "encrencado". Manuel Bandeira refugou, com veemência, certas passagens do livro. Na carta de 31 de outubro de 1927, depois de ler cópia enviada por Mário, começa dizendo que gostou. Confessa que estava "de pé atrás com o herói" (que até então só conhecia do que lhe contara o amigo), de cujas aventuras esperava uma "bruta caceteação", por detestar lendas do Amazonas, embora apreciasse as "sacanagens" e "histórias de bicho". Ele considera "excelentes" os capítulos de Macunaíma menino, mas acha que o Macunaíma homem não tem a mesma vida, "a mesma personalidade tão marcada do Macunaíma crila". As partes que lhe parecem chatas ("paus") são aquelas em que "se adensam algumas lendas cheias de detalhes como 'Uraricoera', o "3º 'Ci, mãe do mato', que achei descosido...". O que Bandeira não engole mesmo, por ser "francamente ruim", é a "epístola às amazonas" (que passaria a se chamar "Carta pras icamiabas"). "Não percebi", escreve ele, "a sua intenção escrevendo um arremedo de clássico. Aquilo está de uma paulificação horrorosa. O seu 'vernáculo' não tem sabor nenhum, nem se compreende por que cargas d'água Macunaíma de repente dispara a escrever como o Laudelino Freire". Ele também não aceita a maneira como são contadas as "sacanagens" com as polacas, as quais mereceriam uma "linguagem de imperador de folclore brasileiro". E encerra os reparos com estas palavras: "Enfim essa coisa me parece um bruto defeito, um desconchavo enorme, sem a menor graça e até parecendo pretensioso." A seguir, porém, aponta o que considera virtudes na obra:

> Em conjunto achei a história muito gostosa. Como unificação artística do fundo popular brasileiro está estupendo. Você empregou otimamente o processo rabelaisiano das enumerações verbais gostosíssimas em se tratando de frutas, árvores e bichos do Brasil, e realmente o único meio de abranger toda a gostosura que vai por aqui. O verbo "brincar" está um brinco! Como está também um achado a repetição "agora estão se rindo um pro outro".[118]

Na carta seguinte, Mário reage às críticas de Bandeira. Não aceita as restrições a "Ci, mãe do mato", que sempre achou "o melhor do livro". O "descosido" provoca uma síntese para mostrar o contrário:

---

[118] Ao fim da carta de 7 de novembro, Mário informa que o "Agora estão se rindo um pro outro" é de um "reconto caxinauá".

> Quanto a achar descosido, não entendo. O capítulo tem seqüência perfeitamente lógica. Macunaíma vadiando pelos matos do Norte topa com a rainha das icamiabas, consegue conquistá-la e vencê-la. Vira imperador, porque ela era imperatriz. Príncipe consorte. Vem o filho e morre por causa da Cobra Preta. Vira Guaraná. Ci de desgosto de mãe vai pro céu. Porém Macunaíma preso pelo feitiço da rede tecida com os cabelos de Ci, nunca poderá esquecer dela. Não podendo mais de sodade e sem mulher pra brincar (as icamiabas são sistematicamente virgens tanto que Jiguê um mulhereiro não consegue moçar nenhuma) parte também, porque é fraco. Aqui um detalhe importantíssimo que creio passou inteiramente virgem de você: a criança está caracterizada *justamente porque inda* não é homem brasileiro. Fiz questão de mostrar e acentuar que Macunaíma como brasileiro que é *não tem caráter.* (...) Ponha reparo: Macunaíma ora corajoso, ora covarde. Nada sistematizado em psicologia individual ou étnica. Avança e vence o monstro Capei, porém depois foge duma cabeça decepada. Avança pro público na cena da Bolsa de Mercadorias e depois fica com medo porque é preso e foge. Etc. etc. Ele que só conseguira moçar Ci com a ajuda dos irmãos e foge bancando valentão "Me acudam que *senão eu mato*", não tem coragem para moçar outra icamiaba e parte sofrendo amor. Vagabunda pelo mato e topa com a cascata Naipi. Tudo lógico. Pergunta por que que ela chora. Ela conta e ele tem raiva de Capei — que a moça já contou que mora na gruta — sexo dela vendo sempre se Naipi foi mesmo brincada. Macunaíma falou que matava Capei. Capei escuta e sai da gruta, é um monstro e quer matar Macunaíma. Então ele na temeridade sem coragem mata Capei. E a cabeça decepada (tradição) ficando escrava dele o segue. Macunaíma tem medo, foge. A cabeça não podendo servir o senhor dela, fica sem quê fazer nesta terra. Então vai ser astro que é o destino fatal dos seres (tradição). Vira Lua. Quê que tem de descosido nisso, Manu! Protesto aos berros.

Quanto à "Carta pras icamiabas", diz Mário que há nela "um milhão de intenções". As quais, reconhece, não provam que ela "seja boa", mas a justificam. Macunaíma, escreve ele, "como todo brasileiro que sabe um poucadinho, vira pedantíssimo", sendo o maior pedantismo do brasileiro "atual" o "escrever português de lei: academia, *Revista de língua portuguesa* e outras revistas, Rui

Barbosa etc. desde Gonçalves Dias". Mas Macunaíma tropeça na língua, o que fica claro pelas confusões que surgem — como "testículos da Bíblia por versículos etc." E Mário continua:

> Escreve pois pretensiosíssimo e irritante. Pra que escreve? Única e tão somente *pra pedir dinheiro.* (...) Agora: como pedir dinheiro? Sorrateiramente, sub-repticiamente. É o que ele faz dando como função da carta, contar as coisas de São Paulo. Conta. Como? O fundo sexual dele está claro pela abundância de preocupações carnais e por começar por elas. Agora a ocasião era boa pra eu satirizar os cronistas nossos (contadores de monstros nas plagas nossas e mentirosos a valer) e o estado atual de São Paulo, urbano, intelectual, político, sociológico. (...) Fiz tudo isso em estilo pretensioso, satirizando o português nosso (...).

Ao fim, Mário admite encurtar a carta, mas não eliminá-la, "porque gosto muito dela". Quanto ao capítulo "Uraricoera", tende a dar razão ao amigo, admitindo que "tem alguma coisa descosido". Bandeira, porém (carta de 6 de novembro), não se conforma com a defesa de Mário do capítulo "Ci, Mãe do mato" e do "reconto de Naipi". Claramente contrafeito, chega a dizer que cada vez entende menos "dessa história de literatura". E reitera sua crítica:

> Fui reler, depois de sua carta (recebida agora mesmo) e não mudei de opinião. Achei cacete, Mário. O descosido mais se refere à linguagem do que ao fundo da narrativa. Os amores com Ci têm uma importância capital na história de Macunaíma e no entanto está contado muito por cima quando outros episódios de brincar, de pura sacanagem, têm muito mais graça e fascinação sexual: é uma desproporção guaçu. No próprio capítulo dedicado a Ci, o que ressalta como mais importante e mais desenvolvido é o de Naipi: portanto desproporção não só em relação ao conjunto da história como em relação ao próprio capítulo. Me parece evidente que os amores com Ci deviam exigir um bom capítulo só pra eles com muita "brincadeira" e "agora estão se rindo um pro outro", refrão sexual do livro.
>
> Ficaria em outro capítulo Naipi e o caso da cabeça.

> Não estranhei a falta de caráter de Macunaíma homem senão em função de Macunaíma-menino. O crila, como você pintou, está formidável de personalidade e não tem lógica que o tivesse perdido, pois não correu nenhuma causa repressora de tanta força.

Com relação à "Carta pras icamiabas", diz Bandeira que estão "inconciliáveis": ele continua achando-a "detestável pela linguagem". Também não aceita Macunaíma como símbolo do brasileiro, o que leva Mário (carta de 7 de novembro) a fazer distinção entre símbolo e simbolismo, acrescentando que "Macunaíma não é símbolo do brasileiro, nem no sentido em que Shylock é a Avareza". Se ele escrevera que Macunaíma era símbolo do brasileiro, teria escrito afobadamente. E prossegue:

> Macunaíma vive por si, porém possui um caráter que é justamente o de não ter caráter. Foi mesmo a observação disso, diante das conclusões a que eu chegara, no momento em que lia Koch-Grünberg, a respeito do brasileiro, do qual eu procurava tirar todos os valores nacionais, que me entusiasmou pelo herói. Agora: compreendo muito bem a distinção que você faz entre a vibratilidade vital de Macunaíma piá e Macunaíma homem. É possível que você tenha razão... Não sei. Careço refletir. Talvez seja possível melhorar. Porém não acredito, porque deve ser falha na criação. Vou matutar sobre o caso.
>
> Assim: pondo os pontos nos is: Macunaíma não é símbolo do brasileiro como Piaimã não é símbolo do italiano. Eles evocam "sem continuidade" valores étnicos ou puramente circunstanciais de raça. Se Macunaíma mata Piaimã nunca jamais em tempo algum não tive a intenção de simbolizar que brasileiro acabará vencendo italiano (idéia que só me veio agora escrevendo), mata porque de fato mata na lenda arecuná.

A crítica de Bandeira ao caso de "Ci, mãe do mato" acaba influenciando Mário — que aceitaria fazer um capítulo "só pros amores dela". Para ele, esta crítica de Bandeira foi "uma revelação luminosa". O que não reconhece em outros reparos:

> Na "Carta pras icamiabas" não cedo até agora mais do que cedi. Reduzo um pouco e isso mesmo porque já sentia que estava comprido por demais. Você conseguiu fortificar o sentimento. No resto os argumentos de você são de ordem puramente sentimental e não de ordem crítica e são inaceitáveis. Não gosto porque não, porque é pretensioso, porque me aporrinha, são argumentos sem valor intelectual. Vá juntando outros pra desembuchar aqui.

E Bandeira volta a "desembuchar". Para ele, a carta é uma agressão à "psicologia" de Macunaíma, que até então fora resguardada. A carta, diante do que é Macunaíma (herói do folclore indígena do Amazonas, que tem a "sua linguagem, a sua maneira de agir e reagir determinadas pelo caráter de criação popular"), seria "um disparate, uma quebra violenta da unidade da personagem". Ele insiste com o amigo para "amadurar o caso". Sugere que procure outra solução, como Macunaíma contando a uma icamiaba o que escrevera na carta, ou "narrando objetivamente as impressões de Macunaíma naquela mesma altura do capítulo da carta". E encerra assim o assunto:

> Tem mais: ainda mesmo que eu achasse cabimento na carta e naquela linguagem, a carta em si me caceteia: era preciso que estivesse escrita com a ingênua gostosura de ridículo com que se expressam o Laudelino e outros colaboradores da *Revista de língua portuguesa*: você falhou em sua sátira: dá a impressão de uma pessoa que quer arremedar outra e não acerta: não há nada de mais desengraçado.

Isto leva Mário a responder (27 de novembro) que as críticas de Bandeira na última carta "chegaram a provar alguma coisa". O que não significa nenhuma mudança na história. Quanto a uma "conexão lógica", Mário acha que o livro a possui, quem não a possui é o herói — "e é justo nisso que está a lógica de Macunaíma: em não ter lógica". Ele pede a Bandeira que não pense que está sofismando, pois é fácil provar que fora estabelecido bem, no corpo do livro, que Macunaíma é "uma contradição de si mesmo", o que o leva a desfazer num capítulo o caráter que demonstrara noutro. Quanto à "Carta", diz que, se Bandeira não gostou, outra pessoa, de "muita inteligência também", aprovou, "achou boa". De qualquer forma, irá pensar nas considerações do amigo "sem nenhuma paixão", acrescentando: "É certo que gosto da carta, isso gosto."

Nove meses depois, na carta de 23 de agosto de 1928, a "encrenca" parece chegar ao fim com estas palavras de Bandeira:

> Recebi o *Macunaíma*. Nesta segunda leitura, que acabei agorinha mesmo, fiquei querendo mais bem ao herói. Só não vou com a "Carta às icamiabas". Paciência. Pode quem quiser gostar daquilo, inclusive você, eu acho uma besteira. Não me lembro se você mexeu em "Ci, mãe do mato", mas desta vez gostei bem. (...) Se meu pai fosse vivo você não teria leitor mais gozado para a sua história. Ele era doido por esse lirismo, essa graça, essa sacanagem, esse verbalismo popular. É por esse lirismo que eu acho ela grande. Você me dá a impressão de vir fechar um ciclo com ela. O que se fizer depois tem que ser merdinhas. Você vasculhou o Brasil inteiro e aproveitou quase tudo.

As últimas palavras mostram como Manuel Bandeira percebeu, e com mal velada emoção, a importância da *rapsódia* de Mário de Andrade. Mas este, em 10 de setembro, comentando a carta do amigo, rejeita o grande elogio:

> Sobre *Macunaíma* você dizia que o livro esgotava o Brasil literatizável, ou coisa parecida. Que bobagem, Manu. É possível que do mesmo gênero de Brasil que empreguei no livro, tudo que aparecer por estes anos próximos fique cheirando fatigância mas Brasil é uma coisa imensa e tem manifestações mais humanas que *Macunaíma*, mesmo no gênero folclórico, e que se esteriotipam menos.

Mais adiante, Mário diz que continua se divertindo com o caso da "Carta pras icamiabas":

> Você inda tem razão, não concordo mas tem, porque acha a carta besta, julga a carta em si. Acho graça é nesses que pretendem discutir a possibilidade da "Carta" num livro daqueles. Isso acho duma besteira refinada. A carta é um intermezzo. Fatigante, intolerável pra uns, pra outros tem sido um gozo.

E Mário fala das reações: Oswald gosta muito, assim como Paulo Prado. O Ribeiro Couto gostara muito, mas depois deixou de gostar — o que Mário atribui à influência de Bandeira. Tarsila forma também entre os que gostam da "Carta". No final, depois de enumerar o *gosta, não gosta*, Mário diz que está "com vontade de fazer uma estatística".

Enfim, *Macunaíma* ganhou o mundo — e as intenções de Mário foram compreendidas, inclusive por estudiosos de outros países. Em *A república mundial das letras*,[119] por exemplo, Pascale Casanova destaca o trabalho de Mário, enfocando principalmente *Macunaíma*, a quem chama de "o anti-Camões". Comparando Mário a Du Bellay, que em seu tempo pregou a independência do francês em relação ao latim, Casanova diz que ele, Mário, é o "fundador do espaço literário brasileiro", pois, "reivindicando e criando uma 'diferença' nacional, faz ao mesmo tempo com que o espaço literário brasileiro entre no grande jogo internacional, no universo mundial da literatura". Se Du Bellay pregava a escrita do seu idioma, particularmente do idioma falado, exortando os poetas franceses a pesquisar a língua do povo, inclusive a terminologia dos trabalhadores — "os termos usados em suas artes e ofícios a fim de extrair daí essas belas comparações e descrições vivas de todas as coisas" (*A república...*, p. 349), Mário de Andrade punha em prática todo um *reconhecimento* de usos, costumes e falares brasileiros, movido pelo "seu nacionalismo crítico e reflexivo", como diz Casanova. Que assim encerra seu texto:

> O caso do Brasil é um dos que mostram que uma ruptura lingüística afirmada pelos escritores, inclusive dentro de uma mesma língua, pode conduzir a uma verdadeira independência literária (e nacional). Esse desvio permite exibir e manifestar em atos a "diferença" reivindicada como identidade nacional. O Brasil conseguiu impor sua existência literária autônoma a partir da cisão do "modernismo" dos anos 20, cisão que foi substituída e de certa forma reforçada politicamente por lutas lingüísticas incessantes que de certa forma ela legitimou: a reivindicação de uma língua brasileira intrinsecamente diferente do português — inclusive na ortografia — baseava-se amplamente nessa reviravolta que

[119] Casanova, Pascale. *A república mundial das letras*. Tradução de Marina Appenzeller. São Paulo: Estação Liberdade, 2002.

abalou de maneira durável (na prosa e no dicionário) as regras do escrito. Nesse sentido, a oralidade (e portanto a liberdade) (re)inventada por Mário de Andrade em *Macunaíma* é uma das etapas mais importantes no reconhecimento de uma especificidade lingüística e cultural do Brasil (p. 356).

A autora tem razão em destacar o exemplo de *Macunaíma*, mas Mário de Andrade já vinha cultivando essa "diferença" muito antes de descobrir o "herói sem nenhum caráter" em *Vom Roroima zum Orinoco — mythen und legenden der Taulipang und Arekuná indianern, de* Theodor Koch-Grünberg. O "herói" não foi, na verdade, algo que Mário "encontrou" no acaso de uma leitura: ele já vivia, há anos, no espírito de Mário, que há muito caminhava (como vemos desde os primeiros escritos, particularmente as cartas) ao seu encontro para dar-lhe, como deu, figura e alma. E é uma criação que chega até a cópia como recurso para, como diz Mário, "satirizar o Brasil". Defendido, no segundo volume do *Dicionário de cousas da Amazônia*, de Raimundo Moraes, da acusação de se ter inspirado no livro de Koch-Grünberg, escreveu:

> Copiei, sim (...) O que me espanta e acho sublime de bondade, é os maldizentes se esquecerem de tudo quanto sabem, restringindo a minha cópia a Koch-Grünberg, quando copiei todos. E até o sr., na cena da Boiúna. Confesso que copiei, copiei às vezes textualmente. Quer saber mesmo? Não só copiei os etnógrafos e os textos ameríndios, mas ainda, na Carta pras icamiabas, pus frases inteiras de Rui Barbosa, de Mário Barreto, de cronistas portugueses coloniais (...) Enfim sou obrigado a confessar duma vez por todas: eu copiei o Brasil, ao menos naquela parte em que me interessava satirizar o Brasil por meio dele mesmo. Mas nem a idéia de satirizar é minha pois já vem desde Gregório de Matos, puxa vida! Só me resta pois o acaso dos Cabrais, que por terem em provável acaso descoberto em provável primeiro lugar o Brasil, o Brasil pertence a Portugal. Meu nome está na capa de *Macunaíma*, e ninguém o poderá tirar.[120]

[120]"A Raimundo de Moraes". Crônica publicada no *Diário Nacional*, São Paulo, 20 set. 1931. In: *Macunaíma/ o herói sem nenhum caráter*. Edição crítica coordenada por Telê Porto Ancona Lopez. Florianópolis: UFSC.

Mário de Andrade saqueia outros autores e cria... um texto novo. Um personagem novo. Uma obra nova. E até mais: um mundo novo. Não, ninguém poderá tirar seu nome da capa de *Macunaíma*. Nem negar que ele conseguiu, mesmo, "patrializar a pátria". Dirigindo a nação para si mesma, acabou por construir um Brasil também novo. Falamos em "obra nova" — e é sempre assim com Mário de Andrade. Absoluta razão teve Bandeira quando escreveu ao amigo, na carta de 20 de novembro de 1924, estas palavras:

> Fica sabendo de uma vez por todas que o seu grande valor é a **PERSONALIDADE.** É um bicho, uma prosopopéia, um Adamastor!! Imitas e sai Mário de Andrade. Brincas e sai Mário de Andrade. Fazes simbolismo, impressionismo e sai Mário de Andrade. Cospes no simbolismo, sai Mário de Andrade. És bom rapaz, fazes ironias, "não dás absolutamente importância" e "pelo amor de Deus, não fale no que escrevo em *Ariel*" e sai Mário de Andrade. Sai sempre Mário de Andrade!

O mesmo, noutras palavras, que ele diria, em carta de 17 de setembro de 1926, depois de Mário ter-lhe confessado, dez dias antes, imitar Catulo da Paixão Cearense em algum "torneio estilístico" e de estar nos últimos tempos fazendo apenas pastiches:

> Ninguém como você possui um sistema mais completo de metabolismo criador. É possível que você atualmente não tenha andado senão a fazer pastiches. Pois fique sabendo que falhou como *pasticheur*. Sucedeu-lhe o mesmo que a Baudelaire querendo decalcar o *Gaspard de la nuit* e fazendo obra original nos *Poèmes en prose*. Pouco importa como você fez a *Maroca*: quis plagiar a *Cabocla de Caxangá*? Que esperança! Saiu choro paulista bem seu. Pegue na "Canção do exílio" e assine Mário de Andrade que fica outra coisa.

Bandeira e Mário encontraram, um no outro, seu interlocutor ideal. Ajudaram-se dedicadamente na grande luta que empreendiam. Cada um a havia iniciado por conta própria, por conta de sua particular sensibilidade — e eis que era uma luta comum aos dois. Reconheceram-se de imediato: eram iguais em suas concordâncias e discordâncias, similitudes e diferenças, ou seja, eram homens iguais em sua grandeza de intelectuais e artistas. Impossível dedicação à obra de um sem consultas e referências à do outro. E ainda há quase tudo a se estudar da pesquisa e da estética que nasceram do contato dos dois — e do reflexo deste contato na criação de ambos.

Capítulo 6

AS NATUREZAS DO POETA

— *Eu faço versos como quem morre.*

"Desencanto"

A esmorecer e desejando tanto...

"A Antônio Nobre"

Ouço a morte chamar-me e esse apelo me aterra...

"Desesperança"

Morrer sem uma lágrima, que a vida
Não vale a pena e a dor de ser vivida.

"Soneto inglês nº 2"

Quando a Indesejada das gentes chegar
(...)
Encontrará lavrado o campo, a casa limpa,
A mesa posta,
Com cada coisa em seu lugar.

"Consoada"

6.1 – PRIMEIRA NATUREZA

Os pensamentos e as emoções de Manuel Bandeira são os nossos pensamentos e emoções, e expressos da maneira mais direta e simples de que a poesia é capaz. Com ele, a aproximação é imediata: ficamos logo seus semelhantes, seus irmãos.

Escrevo isto pensando nas leituras que fazíamos do poeta, meus amigos e eu, quando ainda adolescentes, no interior da Bahia, anos 60. Com ele nos embalávamos, nos alumbrávamos, nos comovíamos — e nos assombrávamos nas sombras implacáveis da morte. Creio mesmo que este era o tema que mais nos fascinava: a morte. A morte com a qual vinha lutando bravamente, à custa de atrozes sofrimentos, aquele poeta frágil, dentuça, de pulmões — como disse no poema "Noturno da Mosela" — *comidos pelas algas.* Morte que acabou não sendo uma, mas — pelo menos — três: a da juventude, a da maturidade, a da velhice. É o que encontramos ao longo de sua obra: três mortes distintas. Ou, se preferirem, três enfrentamentos diferentes da Morte. Na verdade, com as mudanças do homem, durante a vida, também muda o caráter da morte. Tirante os acasos, os acidentes, certas súbitas traições do corpo, a morte — a relação com a morte — é sempre algo muito *pessoal.*

Mas talvez seja mais justo, em lugar de falar em mortes, estudar as *naturezas* do poeta, aproveitando uma expressão dele mesmo. Naturezas condicionadas pela doença, pela proximidade maior ou menor da morte, pela superação do "mau destino". Na carta de 5 de agosto de 1923, depois de ler *A cinza das horas,* escrevia Mário a Bandeira: "Começavas por onde devias acabar: calmo, solícito para com a tua inevitável e legítima amargura." Ainda bem que a primeira natureza ressurgiu das cinzas, e a terceira e última nada guardou da funda amargura da segunda natureza. Relembremos o que disse Bandeira em 27 de dezembro de 1924, já destacado no capítulo anterior:

> Eu próprio não sei dizer qual o verdadeiro Manuel: o manso ou o outro. Antes da doença fui dinâmico como um futurista italiano, verdadeiro azougue, sarcástico, remedador (grande talento de comediante), agressivo, sem maldade de coração mas com muita maldade intelectual. A tísica pôs água nessa fervura toda. Adaptação, força agilíssima em mim. Quase que tenho vivido à custa de inteligência e de paciência. *Carnaval* — explosão do instinto sopitado. *Cinza das horas* e *Ritmo* — segunda natureza. Outro amigo meu, que me conhece bastante, acha que, ainda recuperando a integridade física eu manteria a segunda natureza. Será verdade? Não posso responder.

Mário responde por ele, na carta de 29 de dezembro de 1924:

> Creio, com o amigo de que falas, que conservarias a segunda natureza mesmo que recuperasses agora a saúde total. Não deixarias mais de ser contemplativo, principalmente por causa da experiência, quase saudade, isso, saudade da doença.

Na carta seguinte, de 3 de janeiro de 1925, Bandeira desabafa:

> Saudade nada! Os dois primeiros anos de doença foram um martírio em que não gosto de pensar.

A primeira natureza é o Bandeira saudável, dinâmico, alegre, esperançoso, espírito do "bem-nascido", mas a doença impõe-lhe logo a segunda natureza, e é de acordo com esta natureza que surge como poeta. A observação do amigo, de que falava Bandeira, e as observações de Mário talvez procedam quanto a certa manutenção da segunda natureza ao longo da obra, sobretudo devido ao caráter "contemplativo", mas também podemos pensar que tal caráter poderia ser primeira natureza do poeta e se manifestaria mesmo sem o "mau gênio" que deflagraria a segunda natureza. A terceira natureza chegará mais tarde, com a plácida aceitação do *fim de todos os milagres*, como está dito em "Preparação para a morte". O mais notável é que a primeira natureza, que parecia morta na origem, ressurge com força e, já a partir de *O ritmo dissoluto,* se torna dominante em toda a obra. Mesmo em *A cinza das horas*, segunda natureza por excelência, a primeira natureza se mostra esplendorosamente no "Poemeto erótico":

Teu corpo claro e perfeito,
— Teu corpo de maravilha,
Quero possuí-lo no leito
Estreito da redondilha...

Teu corpo é tudo o que cheira...
Rosa... flor de laranjeira...

Teu corpo, branco e macio,
É como um véu de noivado...

Teu corpo é pomo doirado...

Rosal queimado do estio,
Desfalecido em perfume...

Teu corpo é a brasa do lume...

Teu corpo é chama e flameja
Como à tarde os horizontes...

É puro como nas fontes
A água clara que serpeja,
Que em cantigas se derrama...

Volúpia da água e da chama...

A todo momento o vejo...
Teu corpo... a única ilha
No oceano do meu desejo...

Teu corpo é tudo o que brilha,
Teu corpo é tudo o que cheira...
Rosa, flor de laranjeira...

Nada de melancolia, nada de doença, nada de sombra de morte neste poema luminoso, sensual e saudável — saudabilíssimo! — do princípio ao fim.

Essa primeira natureza se fez, como disse há pouco, dominante. É como uma conquista tardia das forças da juventude. E não forças imaturas, porém já curtidas pela experiência dolorosa do "mau destino". Vale recordar o que transcrevemos, no segmento 3.2, do que o poeta dizia na "Carta-aberta a João Alphonsus"· "Já fiz quarenta anos. (...) O pior é que nunca tive mocidade. Entre dezessete e trinta anos eu era muito mais velho do que sou hoje." Houve, portanto, quase que antes de tudo — logo após a infância — uma velhice, que é a sua segunda natureza.

Voltando à primeira natureza, já a vimos no "Poemeto erótico" — e (deixando para depois o *Carnaval*, que pertence, quase todo, à segunda natureza) a encontramos firmando-se decididamente em *O ritmo dissoluto.* Claro que há também melancolia neste livro, mas a constante amargura da obra anterior cede lugar a uma atitude menos angustiada e angustiante. Agora temos um poeta amadurecendo com gravidade, aprofundando-se na vida entre uma aceitação serena e uma participação cada vez mais ativa no cotidiano. Embora com um toque melancólico, o amor realmente se realiza, como em "O silêncio", onde encontramos estes dois versos admiráveis:

A substância da tua carne
Era a mesma que a do silêncio.

Percebemos que até em poemas mais propriamente melancólicos, como "O menino doente", "Murmúrio d'água", "Quando perderes o gosto humilde da tristeza", "Noturno da Mosela", "Noite morta", não nos envolve a atmosfera sombria de antes. Há sombras também, sim, mas não são sufocantes. A voz melancólica nos desperta melancolia — porém é uma melancolia mansa, cariciosa. E o olhar sobre o cotidiano ajuda a lavar a alma dessas sombras: os sofrimentos pessoais do poeta se misturam à vida dos outros, às vezes até ficando em segundo plano, quando não desaparecendo em muitos textos. O clima da segunda natureza nos bate apenas, com força, num ou noutro momento, como a estrofe final de "Mar bravo":

Mar que arremetes, mas que não cansas,
Mar de blasfêmias e de vinganças,
Como te invejo! Dentro em meu peito
Eu trago um pântano insatisfeito
De corrompidas desesperanças!...

O poeta inveja o mar em sua agitação, seu rumor, sua fúria, mar que é uma grandeza cheia de vida — o contrário do que ele traz em si:

...um pântano insatisfeito
De corrompidas desesperanças!...

Desesperanças que não surpreendem, pois "Mar bravo" (como "Na solidão das noites úmidas") pertence a uma safra de poemas contemporâneos de — e até anteriores a — *Carnaval*, como o próprio poeta nos informa (*Poesia...*, p. 63). No mais, *O ritmo dissoluto* é o livro em que Bandeira surge como autor atento ao tempo e ao cotidiano, como já mostramos no Capítulo 3 (3. 2 e 3. 3). Nele estão "A estrada", "Meninos carvoeiros", "Na rua do sabão" e "Balõezinhos", primeiros grandes exemplos do "interesse geral" de que falou Mário de Andrade.

Nos demais livros, a primeira natureza se afirma quase de forma absoluta. Vejamos *Libertinagem*. O que poderia dar continuidade à melancolia antiga desperta outros sentimentos — como, por exemplo, "O anjo da guarda", "Pneumotórax", "A Virgem Maria", "Oração a Teresinha do Menino Jesus", "Andorinha", "Na boca", "Poema de finados". O poema "O anjo da guarda" tem a mesma motivação do soneto "A minha irmã", de *A cinza das horas*, mas não mais em tom elegíaco. A irmã morta é, na segunda composição, uma representação de força e vitória sobre a morte:

Um anjo moreno, violento e bom

que substitui o anjo da guarda original do poeta. "Pneumotórax" contém uma ironia — ou sarcasmo — que destoa da melancolia e da amargura da segunda natureza. É um poema duro, incomoda muito (corresponde, como poucos, à "teoria do poeta sórdido", de "Nova poética", que gera o poema capaz de fazer "o leitor satisfeito de si dar o desespero"), porém não combina com o tom lamentoso anterior. O final soa até como piada — cruel, mas piada, do mais negro humor. "A Virgem Maria" é uma história de horror, um pesadelo, mas já não se trata da condição que levou o poeta a dizer

> Ouço a morte chamar-me e esse apelo me aterra...,

em "Desesperança", de *A cinza das horas.* "A Virgem Maria" é, mais do que tudo, um poema irreverente, zombeteiro: sepultado — de maneira insólita, grotesca, tendo o "oficial do registro civil, o coletor de impostos, o mordomo da Santa Casa e o administrador do cemitério de S. João Batista" cavado a terra com enxadas, pás, unhas e dentes –, o poeta, em cima de quem foram colocadas "As tábuas da lei", começa a ouvir

> a vozinha da Virgem Maria
> Dizer que fazia sol lá fora
> Dizer i n s i s t e n t e m e n t e
> Que fazia sol lá fora.

Manuel Bandeira, que tantas vezes se refere a santas e santos, às vezes fazendo-lhes súplicas, põe aqui a Virgem Maria num papel muito estranho — magnificador da solidão e da treva em que se encontra o sepultado. A vozinha dizendo que fazia sol lá fora intensifica o desamparo e o horror do que a escuta "do fundo da treva do chão da cova".

"Oração a Teresinha do Menino Jesus", por sua vez, lembra certos momentos da obra anterior, pelo pedido de alegria, que o poeta não tem. No primeiro poema do livro, "Não sei dançar", a alegria é algo que ele pode *tomar*:

> Uns tomam éter, outros cocaína.
> Eu já tomei tristeza, hoje tomo alegria.
> ....
> Uns tomam éter, outros cocaína.
> Eu tomo alegria!

Ele está assistindo a um baile de terça-feira gorda, ao qual foi exatamente para tomar alegria. Trata-se de um baile muito diferente da atmosfera que vamos encontrar no *Carnaval.* É tudo divertido, animado, com uma "crioula imoral" que indigna uns e maravilha outros... Enfim, um baile no qual o poeta pode tomar alegria à vontade.

"Andorinha" suscita uma tristeza diferente: o poeta teria passado a vida "à toa, à toa". Há, sim, um *trissar* de melancolia (antecipando aquele "a vida inteira que podia ter sido e que não foi"), mas num céu sem pesadas nuvens de amargura. Já o poema "Na boca" talvez pudesse figurar no *Carnaval.* Há muita depressão na cena do rapaz viciado em éter — e mais no poeta admitindo a possibilidade de imitá-lo. Por fim, "Poema de finados" é de outra espécie de tristeza: a de uma grande perda — especialmente no caso de Bandeira, que, como sabemos, tinha grande ligação afetiva com o pai. Nada a ver com a segunda natureza — de doença, ameaça de morte, desengano, funda e constante melancolia. O poeta perdera o pai — e compõe, tempos depois, uma obra-prima:

Amanhã que é dia dos mortos
Vai ao cemitério. Vai
E procura entre as sepulturas
A sepultura de meu pai.

Leva três rosas bem bonitas.
Ajoelha e reza uma oração.
Não pelo pai, mas pelo filho:
O filho tem mais precisão.

O que resta de mim na vida
É a amargura do que sofri.
Pois nada quero, nada espero.
E em verdade estou morto ali.

O poeta estava morto ali, sim, como estava morto no túmulo da mãe, dos irmãos, de outras pessoas amadas. Como morrera também em si mesmo. No último terceto de "Noturno do morro do Encanto", de *Opus 10,* lemos o seguinte:

Falta a morte chegar... Ela me espia
Neste instante talvez, mal suspeitando
Que já morri quando o que eu fui morria.

Estrela da manhã dá continuidade à primeira natureza. Nele encontramos, por exemplo, além do poema-título, "Balada das três mulheres do sabonete Araxá", "Marinheiro triste", "Momento num café", "Tragédia brasileira". O poema-título, uma pungente declaração de amor; o segundo, peça de pura diversão; o terceiro, poema das agruras da vida (mas de outra melancolia); o quarto, grave reflexão sobre a existência e a inquietação da alma humana; o quinto, apropriação poética de drama do cotidiano. Entre os demais poemas não há um sequer que possa ser atribuído à segunda natureza. Nem mesmo "Oração a Nossa Senhora da Boa Morte", apesar do título. O que ressuma desta composição é muito menos melancolia do que certa ironia e o humor das frustrações do poeta em suas negociações com as santas Teresinha e Rita dos Impossíveis. Está muito mais para a terceira natureza, devido à sua madura resignação.

Os demais livros manterão a tendência. O homem é outro, outra a sua obra. É o primeiro Bandeira assumindo seu lugar usurpado pelo "mau destino". Tirante uma ou outra "sobrevivência" (e identificá-las fica, mais que tudo, na dependência da leitura de cada um), a segunda natureza é o passado. O pouco que dela resta é o aspecto "contemplativo" de que falava Mário. Alguma melancolia, sim, mas já sem qualquer travo de amargura. Como em "O rio" (*Belo belo*) e "Visita" (*Opus 10*).

6.2 – SEGUNDA NATUREZA

Carnaval é, para Bandeira, a "explosão do instinto sopitado", após os poemas desencantados do primeiro livro, mas não pode ser atribuído à primeira natureza, à exceção de (talvez) "Bacanal" e (certamente) "Os sapos". É uma obra, pelo seu espírito geral, também — como *A cinza das horas* — da segunda natureza. A segunda natureza do poeta anuncia-se por volta de 1904, quando ele completa 18 anos. Em sua luta pela vida, Manuel Bandeira fez uma longa peregrinação em busca de climas favoráveis, serranos, tendo estado em Campanha, Teresópolis, Maranguape, Uruquê e Quixeramobim. Como o mal persistisse, embarcou, em 1913, para a Europa, com o objetivo de se tratar em Clavadel, perto de Davos-Platz. A proximidade da Dama Branca, que se manifestava seguidamente em febres, sufocações e hemoptises, marcou profundamente, como se sabe, a sua poesia. Sobretudo a poesia daqueles primeiros anos de doença, quando ele fazia versos "como quem morre". Versos de sofrimento, desesperança, amargura, desolação.

Era uma morte anunciada — e absurda, como é sempre a morte na juventude. Bem-nascido, feliz, de súbito o moço é vitimado pelo "mau destino", o "mau gênio da vida". Tragédia de que resultaram alguns dos mais pungentes poemas da nossa literatura e que foram fundamentais para a vitória do poeta sobre a morte. Ele tinha clara consciência deste papel da criação, como vemos nas estrofes finais de "À sombra das araucárias", de *A cinza das horas.*

> Cria, e terás com que exaltar-te
> No mais nobre e maior prazer.
> A afeiçoar teu sonho de arte,
> Sentir-te-ás convalescer
>
> A arte é uma fada que transmuta
> E transfigura o mau destino.
> ....

Assim era a arte para ele. Numa carta a Mário de Andrade (3 de setembro de 1927), exclamava "Sim, Mário! É uma bruta felicidade essa de a gente poder fazer versos". Uma arte que renovava a força da vida — o que ele devia ter sentido sobretudo nos anos críticos da doença. E, como dissemos, o poeta acabou vencedor da morte. Pelo menos da morte que o assaltou na mocidade e o perseguiu por longos anos. A poesia assim gerada não foi uma "cinza fria", como está na "Epígrafe" do primeiro livro, mas se afirmou com significação humana, com força de comover gerações — o que o próprio Bandeira acabaria constatando, como disse em carta a Mário de Andrade (12 de janeiro de 1944):

> A verdade é que em tudo que fazemos há interesse e arte ou qualquer outra atividade desinteressada é coisa que não existe. Lembro-me que hesitei em publicar o meu primeiro livro de versos porque eram tão pessoais na sua tristeza de doente todo voltado para a sua doença. Depois, com o tempo, vi que as minhas queixas exprimiam queixas de outros, davam consolo a outros. Recebi confidências nesse sentido. Fiquei muito confortado porque não me senti mais inútil. Um poeta que se exprime ingenuamente, mesmo que tenha a ilusão de fazer arte pura, age socialmente.

Aqueles primeiros poemas eram *de despedida*. Parecia impossível fugir à sorte cruel, como lemos em "Ruço", de *A cinza das horas*:

> Aquele corvo, o vôo torvo,
> O meu destino aquele corvo!

As palavras não mascaram nada. Só em "Desencanto", que se segue à "Epígrafe", também em *A cinza das horas*, formam um quadro avassalador: *como quem chora/ desalento/desencanto/pranto/sangue/tristeza/dói-me/ angústia/ acre sabor/ como quem morre*. Quase todos os demais poemas de *A cinza das horas* revelam o mesmo estado de espírito: "A Antônio Nobre", "Versos escritos n'água", "Imagem", "A minha irmã", "Elegia para minha mãe", "Cantilena", "Delírio", "Desalento", "Desesperança", "Renúncia". Este último, soneto de 1906, parece ter o mesmo *clima* do "Soneto inglês nº 2", de *Lira dos cinquent'anos*. O primeiro faz jus ao título, é de quem se afasta do mundo (que é "sem piedade") para se dedicar à própria dor. O segundo tem um tom "heróico", desafiante, de quem enfrenta o mundo sem enganos, pois sabe (e com indiferença, "sem uma lágrima" na hora da morte) que a vida

> Não vale a pena e a dor de ser vivida.

"Renúncia" pertence à segunda natureza; o "Soneto inglês nº 2" foi soprado pela primeira. "Renúncia" foi escrito, como disse Bandeira (carta de 27 de dezembro de 1924), "com 40º, vômitos, suores frios, escarros de sangue", o que

Mário, como vimos, pôs em dúvida. Seja como for, é certamente obra de um espírito (e de um corpo, claro) abatidíssimo, do Bandeira às voltas com os seus males. O "Soneto inglês nº 2" mostra bem outra disposição de ânimo. É dinâmico, agressivo, destemido. O mesmo *clima* suscitou reações diversas no moço acuado pela morte e no homem não submetido a tais terrores. Comparemos os dois para marcar bem as diferenças entre a primeira e a segunda natureza. Leiamos "Renúncia":

Chora de manso e no íntimo... Procura
Curtir sem queixa o mal que te crucia:
O mundo é sem piedade e até riria
Da tua inconsolável amargura.

Só a dor enobrece e é grande e é pura.
Aprende a amá-la que a amarás um dia.
Então ela será tua alegria,
E será, ela só, tua ventura...

A vida é vã como a sombra que passa...
Sofre sereno e de alma sobranceira,
Sem um grito sequer, tua desgraça.

Encerra em ti tua tristeza inteira.
E pede humildemente a Deus que a faça
Tua doce e constante companheira...

E o "Soneto inglês nº 2":

Aceitar o castigo imerecido,
Não por fraqueza, mas por altivez.
No tormento mais fundo o teu gemido
Trocar num grito de ódio a quem o fez.
As delícias da carne e pensamento
Com que o instinto da espécie nos engana
Sobpor ao generoso sentimento

De uma afeição mais simplesmente humana.
Não tremer de esperança nem de espanto.
Nada pedir nem desejar senão
A coragem de ser um novo santo
Sem fé num mundo além do mundo. E então,
　　Morrer sem uma lágrima, que a vida
　　Não vale a pena e a dor de ser vivida.

O primeiro soneto, da segunda natureza, é de um espírito conformado, como o título já diz. Aceita passivamente a dor e chega a exaltá-la como enobrecedora: o autor se aconselha (o que vale também para o leitor) a amá-la, pois, se a amar, será para ele (e para nós, se aprendermos a amá-la) "alegria" e "ventura". Deve-se sofrer caladamente — e ainda pedir a Deus que faça da tristeza uma "doce e constante companheira"... Segunda natureza num dos seus momentos mais explícitos.

O segundo soneto, vindo da primeira natureza, nada tem de conformista. Pode aceitar o castigo imerecido, mas "por altivez", e troca o gemido por um grito de ódio. O que se deseja, aqui, é uma vida equilibrada, justa, forte o bastante para não tremer nem de esperança nem de espanto. Se houver pedido ou desejo de algo, que seja algo novo e prodigioso: ser um santo que não tenha fé num outro mundo. No mais — porque a existência humana é o que é —, morrer com dignidade.

Carnaval é um livro quase todo da segunda natureza, marcado pela melancolia, por infelicidades (ou incapacidade de atingir o que seria a felicidade). Diz Bandeira, no *Itinerário de Pasárgada* (*Poesia...*, p. 47):

> O meu *Carnaval* começava ruidosamente, como o de Schumann, mas foi-me saindo tão triste e mofino, que em vez de acabar com uma galharda marcha contra os filisteus, terminou chochamente "*not with a bang but a whimper*".

O tom de *A cinza das horas* ainda se fazia presente — e não apenas pela inclusão de produções mais antigas, "uns fundos de gaveta", como disse o poeta (ib.), como os sonetos "A ceia", "Menipo", "A morte de Pã" e "Verdes mares", que aliás não chegam a colaborar para o ar "tão triste e mofino". Mas quem era mesmo o Manuel Bandeira do *Carnaval*? Em 27 de julho de 1923, cerca de quatro anos após a publicação do segundo livro, ao enviar a Mário uma fotografia sua de 1913, dizia ele que o retratado não era o Manuel Bandeira "de hoje", mas o da *Cinza das horas.* E completava: "É de um tempo em que eu era muito mansamente e muito doloridamente tísico. Hoje sou ironicamente, sarcasticamente tísico." O que leva Mário a protestar na resposta (5 de agosto):

> (...) erras enormemente, Manuel, quando dizes como na tua última carta "Hoje sou ironicamente, sarcasticamente tísico". Não o és mais. Ao menos "sarcasticamente". Nem o foste nunca, propriamente. Eu sei. Ironicamente, inda vá. Mas quem escreve "Os meninos carvoeiros" e a "Rua do Sabão" não é mais sarcasticamente tísico, é amorosamente tísico. E o "Bonheur lyrique"? Eis aí, meu amigo, onde estamos hoje, tu e eu.

Na mesma carta, Mário comenta suas impressões de *A cinza das horas* e *Carnaval.* Refletindo sobre o primeiro livro e a poesia subseqüente de Bandeira, ele acha que o amigo mudou o "sentimento" da sua "dor pessoal", começando por onde devia acabar: "calmo, solícito para com a tua inevitável e legítima amargura." Após a releitura de *Carnaval* — num texto em que percebemos ecoar outras conversas ou disputas, particularmente um possível ateísmo do amigo, e no qual também, segundos depois, é esquecida sua negação do sarcasmo bandeiriano — escreve Mário:

> (...) tu negas Deus. É porque sabes o que é, o que seria, o que será Deus. E, ainda mais, existe em toda obra criada pelo homem a "parte de Deus". Esta parte sempre aparece e surpreende o próprio artista. Pega no teu *Carnaval*, Manuel. Queres a parte de Deus? Lá está. Tu te queres sarcástico. E o és muitas vezes. Mas como sarcástico optarias por Arlequim. Arlequim é a vitória da vida em que "não posso crer que se conceba do amor senão o gozo físico". Arlequim é a inconsciência transcendental. E o teu espírito realmente opta no livro por Arlequim. Mas Deus optou por Pierrot. É a parte dEle. É a parte de Lenau, romântico. Tua alma entremostrou-se, porque Deus fez a alma. E fez no teu livro tudo o que não quiseste nele pôr e que lá está. Lá está, para

> quem como eu conhece pelo amor com que te leio, amor divinatório sempre, e pela atenção com que te observo as cartas, tudo o que não é teu, é a parte de Deus em ti.

Mário estava particularmente envolvido com Deus, naquele momento, pois escrevia na volta da missa. Linhas atrás, dissera: "Estava com um louco desejo de reler teu *Carnaval*. (...) Eu precisava reler teu *Carnaval*. Mas nada no mundo, Manuel, far-me-ia perder a missa." Ele começa a ler o livro no bonde e deve tê-lo concluído ainda em estado, para usarmos sua expressão, "divinatório". Bandeira responde nove dias depois, dizendo que Mário errara "desabaladamente" a seu respeito:

> Disse-te que sou hoje ironicamente e sarcasticamente tísico. Revidaste: ironicamente pode ser, mas sarcasticamente? E se eu te disser que o sarcasmo é ainda ironia? O *Carnaval* é no fundo inexprimivelmente meigo. Quase tudo ali é ironia, tão refalsada que a ti mesmo escapou no seu sentido essencial.

Quanto a Deus, Bandeira nega que o negue, afirma que nunca o negou. Tendo passado por crises "tremendas" de desespero, sentira-se freqüentemente desamparado de qualquer idéia religiosa ou filosófica, mas nunca achara "fé para *negar*". O que sabe é que não pode aceitar Deus à imagem do homem, embora reconheça e até sinta "o que há de divino em todas as coisas". O que o satisfaz "em certa medida" é reduzir a idéia de Deus à idéia de vida:

> Deus é vida, simplesmente. Tenho confiança nela, embora não saiba absolutamente o que ela quer além de se perpetuar. Não sei se tem moral alguma. Não a conhecemos. Falo em Deus para ser compreendido, mas no que penso é nessa vida que não sei o que é mas que vejo e sinto em tudo. Quando rezo é pensando nessa força.

Bandeira diz que o amigo também se equivocara em sua interpretação do livro:

> Pura ironia[121] as brutezas sensuais do *Carnaval* (...), o espasmo sexual é para mim um arroubo religioso. Sempre encontrei Deus no fundo das minhas volúpias.
>
> Erraste crendo que optei por Arlequim. Nunca! Reflete sobre o "Descante de Arlequim". O que pus ali foi uma louca piedade, — tão grande que se sobrepõe à moral, — portanto indispensável, — só para dar a uma mulher desgraçada aquele minuto de eternidade que é o minuto de Deus.
>
> Não sentiste a ironia na mentira da "Bacanal", não a insinuei claramente na "Canção das lágrimas" e incapaz de refrear a minha ternura, não a entremostrei aqui e ali e sobretudo no "Pierrot místico" que é, creio, a peça central do poema? (Pelo menos ela revela o meu sentimento do amor e o *Carnaval* é um poema de amor.) O que há de demoníaco no *Carnaval* é o orgulho e a maldade com que falei da "Vulgívaga": consola-me o sentir que os dissipei na criação artística.

Mas Mário, reconhece Bandeira, não errara em tudo — acertara no caso de Arlequim. Não por ter ele, Bandeira, optado por Arlequim, como dissera o amigo, mas por ter havido uma espécie de truque sentimental. Assim explica Bandeira:

> Voltando ao que escreveste, advirto que em suma acertaste, porque ao cabo me deste pelo que sou — uma *podrura* como se diz no Norte, isto é, um coração que se desmancha ao menor apelo de sensibilidade. Mas reage, até com as aparências da maldade, porque é tristíssimo ver o puro Pierrot tido à conta de *trouxa*. É preciso abandonar a túnica inconsútil e vestir a véstia de losangos. E captar as mulheres. E captar todo o universo para a possível bondade.

Este fecho faz parecer ter sido Bandeira contaminado pelo estado "divinatório" do amigo... Mas vamos tentar situar o autor de *Carnaval* em sua relação com a morte. Ele não era mais, mesmo, o Bandeira de *A cinza das horas*,

---

[121]Em sua primeira carta (25 de maio de 1922), Bandeira escrevera: "Mando-lhe alguns exemplares do *Carnaval* a serem distribuídos aí entre pessoas de mau gosto e boa inteligência, capazes de sentir que aquelas rimas bonitas são pura ironia (...)".

porém ainda pertence, de maneira geral, à fase da *primeira morte*. Os sentimentos (desencanto, infelicidade, melancolia de um modo geral) surgem muitas vezes em situações e personagens que podemos ver como projeções do poeta. Bandeira não optou por Arlequim — a não ser, talvez, através daquele truque que vimos. Ele, na verdade, não pode optar — porque *é* Pierrot, um Pierrot tristíssimo, que já era em *A cinza das horas* (o Pierrot que escrevera "Epígrafe", "Desencanto" e "A Antônio Nobre", por exemplo). É o Pierrot patético de "A canção das lágrimas de Pierrot", um pobre-diabo tão apaixonado que fica luminosamente feliz por receber — não um beijo, mas um tapa (ou "uma tapa", como escreve) de Colombina. É o Pierrô que chora, em "A Rosa", enquanto aperta ao peito uma rosa vermelha, que lembra a boca de sua amada. Rosa que consegue afastar de si — mas com dor extrema:

E parecia
Jogando ao chão
A flor sombria,
Que o coração
Ele arrancara!...

É o "Pierrot branco", no qual aparece até a tuberculose, a

...consumpção hética
Que esgalga, até que um dia a quebre,
A minha carcaça caquética!,

a qual não é motivo do delírio de Pierrot, cujo transe nasceu de "um beijo de Colombina". Na verdade, em se tratando de Colombina, um beijo é equivalente a um tapa, e vice-versa, pois provocam efeitos semelhantes: acendem mais a flama do amor. No que apanha, o "pobre rosto ilumina-se-lhe!..."; no que é beijado, uma "chama pálida", em "suave lampejo", ilumina-lhe a "esquálida tez". E ambos, tapa e beijo, falham em suas esperáveis significações: a rejeição violenta, humilhante, não faz diminuir a paixão, pelo contrário; e o beijo nada significa de garantia de felicidade amorosa, sequer de fidelidade passageira.

O poeta é, ainda, o Pierrot de "A silhueta" — o pobre infeliz que, em vestes de seda negra, toca e canta um "estribilho desesperado", pensando em se matar. O poema se fecha com esta imagem dramática:

Como a voz, também a mão geme.
E na parede se debruça
A sombra pálida, que treme,
De uma garganta que soluça...

É o "Pierrot místico", que suplica pelo retorno de Colombina ao seu leito, dizendo-se melhor do que os atletas, que dariam a ela o amor "próximo das sevícias", pois só ele possui "a ingênua arte/ das indefiníveis carícias", capazes de mudar os olhos "sempre enxutos" da amada em "dois brumosos lagos". E chega ao ponto de oferecer até seus males de alma:

Quando em êxtase os olhos viro,
Ah se pudesses, fútil presa,
Sentir na dor do meu suspiro
A minha infinita tristeza!...

Trata-se de uma súplica com promessas envelhecidas, pois Colombina já o conhece, já se dera a ele uma vez, como fica claro no primeiro verso: "*Torna* a meu leito..." Dos vistos até agora, este é o Pierrot mais triste, pois o que conquistara e perdera não fora um tapa, uma rosa, um beijo — mas a Colombina, que aceitara ser sua amante.

Também em estado de súplica, encontramos "Pierrete". Se o "Pierrot místico" clama pelo retorno de Colombina, sofrendo em seu leito deserto, ela suplica por um Pierrot que lembra ele, se não for ele mesmo. Afinal, o Pierrot místico, que exaltou a sua grande arte das "indefiníveis carícias", talvez pudesse corresponder ao que ela deseja:

A minha carne complicada
Espreita, em voluptuoso ardil,
Alguém que tenha a alma sutil,
Decadente, degenerada!

Outro Pierrot, em "Rondó de Colombina", se parece com o da rosa vermelha: aperta a chorar de saudade o "infantil borzeguim" de Colombina. Ela fugiu com Arlequim e deixou-lhe (ou ele o furtou) um pé de bota... E o desgraçado, agarrado àquele sagrado objeto, chora, já com a pintura de alvaiade e carmim lavada pelo orvalho (e pelas lágrimas também, principalmente, embora os versos não o digam). No final, é aconselhado a não amar assim Colombina. Não pode desejá-la tanto — e toda — como deseja:

> Ela é de dois?... Pois aceita a metade!
> Que essa metade é talvez todo o amor
> De colombina...

E ainda há o do "Poema da uma quarta-feira de Cinzas". Um Pierrot de depois da festa, retardatário, um pobre-diabo que passa, "doloroso", entre a "turba grosseira e fútil", que ironiza e vaia sua passagem. Ele vem da festa, mas o que traz dela é puro sofrimento:

> Nublada a vista em pranto inútil,
> Dolorosamente ele passa.
> Veste-o uma túnica inconsútil,
> Feita de sonho e de desgraça...

O mesmo *clima* se alastra por quase todos os demais poemas: solidão, melancolia, desespero, desamparo, desesperança, vileza... Sempre a face cruel da vida, à espreita ou dominando a cena. "Vulgívaga" é uma tragédia física e moral. Vimos, há pouco, Bandeira dizer, em carta a Mário: "O que há de demoníaco no *Carnaval* é o orgulho e a maldade com que falei da 'Vulgívaga'." Orgulho e maldade... Diz o poeta que foi *com que* falou da personagem. Quer dizer: ele os utilizou ao compor a personalidade da vulgívaga. Mas ela não absorve bem essas características, surgindo mais como vítima de grandes sofrimentos e humilhações. Nela vemos maldade, sim, pois a maldade produz maldade — mas orgulho? O de que se "orgulhava" — inocência desfeita na infância, prostituição, sadomasoquismo, perdas brutais (*O meu amante morreu bêbado,/E meu marido morreu tísico!*)... Não é orgulho, é um cinismo dilacerante. Como uma vingança contra as misérias do mundo. No mais, se o poeta põe no poema maldade e orgulho, põe também amor. Acabamos amando a vulgívaga em sua extrema desolação.

Como foi dito, o *clima* preponderante é o de melancolia. É o que encontramos em "A fina, a doce ferida", "Do que dissestes", "Confidência". E a "Baladilha arcaica" é a sempre terrível história das possibilidades sentimentais frustradas que, por isso, acabam por matar o ser amoroso que não se cumpre. Frustração que, de maneira explícita ou não, faz-se presente na maioria dos poemas de *Carnaval*.

Nem mesmo Arlequim escapa. Na "Arlequinada", o que encontramos é conversa entre irônica e debochada de conquistador diante de uma adolescente. "Tu para mim és menina", diz ele a Colombina. E lá se vai falando da exigüidade do talhe da moça, da imaturidade dos seus seios, da sua provável falta de juízo — e termina como numa desistência envergonhada de levar adiante sua sedução:

> Perdão, perdão, Colombina!
> Perdão, que me deu na telha
> Cantar em medida velha
> Teus encantos de menina...

Mesmo quando cumpre perfeitamente seu papel de sedutor, cumpre-o (pois a isto é destinado) sem envolvimento de alma. A idéia que faz de suas conquistas nada tem de gloriosa. Elas são praticadas na

> ...escuridão propicia aos furtos
> Propícia aos furtos, como o meu,

e ele se apresenta desta maneira àquela que necessita de seu amor:

> Ei-lo. Sem glória e sem vintém,
> Amando os vinhos e os baralhos,
> Eu, nesta veste de retalhos,
> Sou tudo quanto te convém.

Ele, sim, e não qualquer Pierrot, nem mesmo o caricioso Pierrot místico, é o parceiro ideal para Pierrete. E se daria às maravilhas com a vulgívaga, lembremos o que ela confessa:

E todavia se o primeiro
Que encontro, fere toda a lira,
Amanso. Tudo se me tira.
Dou tudo. E mesmo... dou dinheiro...

Se bate, então como estremeço!
Oh, a volúpia da pancada!
Dar-me entre lágrimas, quebrada
Do seu colérico arremesso...

Porque Arlequim está sempre disposto a qualquer coisa que se lhe deseje:

Sou fácil, acomodatício,
Agora beijo, agora bato,

Que importa? Ao menos o teu ser
Ao meu anélito corruto
Esquecerá por um minuto
O pesadelo de viver.

E eu, vagabundo sem idade,
Contra a moral e contra os códigos,
Dar-te-ei entre os meus braços pródigos
Um momento de eternidade...

Bandeira diz, como já vimos, que pôs neste poema "uma louca piedade". Mas que piedade? Não piedade *por* Arlequim, mas *de* Arlequim. A piedade com que ele, Arlequim, procura as mulheres para dar-lhes aquele "momento de eternidade". Arlequim não canta o amor, nem mesmo fala do que sente de prazer carnal: ele é o que *dá* prazer entre seus "braços pródigos". Ele vive, para lembrarmos as palavras do poeta, "só para dar a uma mulher desgraçada aquele minuto de eternidade que é o minuto de Deus". Arlequim não fala em felicidade nem em infelicidade. Não sofre nem se regozija. O que faz dele, também, um triste destino.[122] É claro que há também piedade *por* Arlequim no poema de Bandeira. Há amor por esse "vagabundo sem idade", a figuração contrária de Pierrot e — como ele — incapaz de completude amorosa.

Só há mesmo dois carnavalescos felizes no *Carnaval* de Manuel Bandeira: os de "Sonho de uma terça-feira gorda". São, para quem os vê passar, personagens soturnos, usando dominós negros e mascarados também de negro. E lá vão eles, "por entre a turba", conscientes do seu "ar lúgubre". Mas esse ar era apenas aparência, determinada pelas fantasias, o contrário do

sentimento de felicidade
Que nos penetrava. Um lento, suave júbilo
Que nos penetrava... Que nos penetrava como uma espada de fogo...
Como a espada de fogo que apunhalava as santas extáticas.

A impressão, no sonho, era de que dentro deles "era tudo claro e luminoso". A festa se agitava em torno. Multidão inumerável e burburinhante. Préstitos apoteóticos entre "clangores de fanfarra". Algazarra, alarido, promiscuidade. E os dominós negros, felizes, concentrados em seu sentimento:

Nós caminhávamos de mãos dadas, com solenidade,
O ar lúgubre, negros, negros...
Mas dentro em nós era tudo claro e luminoso.
Nem a alegria estava ali, fora de nós.
A alegria estava em nós.
Era dentro de nós que estava a alegria,
— A profunda, a silenciosa alegria...

---

[122]Mas ao menos uma vez ele foge a seu destino: na marcha-rancho "Noite dos mascarados", de Zé Kéti, que começa com estes versos: *Tanto riso, ó tanta alegria/mais de mil palhaços no salão,/ Arlequim está chorando pelo amor de Colombina/no meio da multidão.* Arlequim tem, aqui, seu momento de Pierrot. O que, é claro, está longe de ser um consolo...

Gosto de pensar que aqueles dois eram Pierrot e Colombina, finalmente felizes para sempre. Mas, na verdade, tudo não passou de um sonho bom em meio à triste festa.

O *clima* geral de melancolia nasce do sopro da morte que o poeta respira. Ela é a Dama Branca, que vinha sorrindo ao poeta "em todos os desenganos". Mas não só nos desenganos: sorria-lhe também "A cada júbilo interior". É uma figura sinistramente promíscua:

> ....
> Sorria como querendo bem.
> E todavia não era amor.
>
> Era desejo? — Credo! De tísicos?
> Por histeria... quem sabe lá?...
> A Dama tinha caprichos físicos:
> Era uma estranha vulgívaga.
>
> Era... era o gênio da corrupção.
> Tábua de vícios adulterinos.
> Tivera amantes: uma porção.
> Até mulheres. Até meninos.

A Dama Branca sorria, sempre, fiel, desde que ele a encontrara — "faz tantos anos". Uma das suas mais dolorosas participações na vida do poeta é exposta na estrofe final:

> Essa constância de anos a fio,
> Sutil, captara-me. E imaginai!
> Por uma noite de muito frio,
> A Dama Branca levou meu pai.

A Dama Branca já lhe levara também a mãe e a irmã, logo seria a vez do irmão. Bandeira escreveu sobre a agonia da mãe e a morte da irmã, mas sua emoção parece ser mais forte ao se referir ao pai — seu primeiro interlocutor e grande companheiro. Em carta a Mário (27/12/1924), na discussão que já vimos sobre os poemas feitos "como que a morrer", Bandeira — para ilustrar a *vitalidade* da morte — relata os instantes finais do Dr. Manuel Carneiro de Souza Bandeira:

> (...) o que se chama morte propriamente é manifestação vital, e às vezes de uma intensidade prodigiosa. Penso na agonia de meu pai. Todo o organismo intacto e rijo. Apenas — os canalículos renais não funcionavam. O último estertor foi um arranco desesperado para a vida. Eu senti! e estava debruçado sobre a boca dele.

Eu senti! Quatro anos depois o poeta ainda sentia... Como continuaria sentindo ao escrever, mais tarde, uma das suas obras-primas — "Poema de finados", que transcrevemos na primeira parte deste capítulo. A relação do poeta com o pai é bem expressa neste trecho de *Itinerário de Pasárgada*:

> Quando meu pai era vivo, a morte ou o que quer que me pudesse acontecer não me preocupava, porque eu sabia que pondo a minha mão na sua, nada haveria que eu não tivesse a coragem de enfrentar. Sem ele eu me sentia definitivamente só (*Poesia...*, p. 52).

A Dama Branca levou meu pai... Na citada crítica "Manuel Bandeira", Mário diz que "A Dama Branca", que considera obra-prima, não pertencia ao *Carnaval.* Pertencia, sim, pois se trata de um poema da segunda natureza. Mas Mário tem razão ao dizer o mesmo de "Os sapos", que classifica também como obra-prima, porque é composição da primeira natureza. Nada tem a ver com a melancolia geral do livro, apesar da solidão e do frio do sapo-cururu. Melancolia a que já vimos Bandeira se referir no *Itinerário...* e registra no final do volume, em "Epílogo". Mais que melancolia, pois, ao invés de ser um poema cheio de amor e mocidade, como o desejou o autor,

> ...tinha a morta morta-cor
> Da senilidade e da amargura...
> — O meu Carnaval sem nenhuma alegria!...

Um Carnaval próprio, sem dúvida, da segunda natureza do poeta.

6.3 – TERCEIRA NATUREZA

A primeira natureza retoma seu lugar, enquanto a segunda — dominadora em *A cinza das horas* e *Carnaval* — vai baixando de tom até quase o imperceptível. E então, entre as composições de primeira natureza, a terceira começa a aparecer, caracterizando-se principalmente por uma outra relação do poeta com a morte. Há, em *Estrela da vida inteira*, uma seção intitulada *Preparação para a morte*, contendo o poema-título e mais "Vontade de morrer", "Canção para a minha morte" e "Programa para depois de minha morte". Na verdade, sob este título geral poderiam ser reunidos vários outros poemas que tratam da morte. Não a morte cruelmente precoce, mas a outra — a inelutável de cada um de nós. A morte de que ele principia a falar em "Oração a Nossa Senhora da Boa Morte", de *Estrela da manhã*: nenhuma amargura, só o manso pedido de um fim suave. O mesmo que espera em "Contrição":

> Vozes da infância contai a história
> Da vida boa que nunca veio
> E eu caia ouvindo-a no calmo seio
>   Da eternidade

"A morte absoluta", em *Lira dos cinquent'anos*, também não transmite angústia. É a idéia, como diz o título, da morte total, "de corpo e de alma". Livre, sobretudo, de quaisquer prolongamentos *post-mortem*, do que costumam prometer as religiões:

> Morrer sem deixar porventura uma alma errante...
> A caminho do céu?
> Mas que céu pode satisfazer teu sonho de céu?

Morte absoluta. Paz absoluta. Não restando sequer um nome — o daquele que *foi*. Nome que, na verdade, vai morrendo aos poucos, ainda em nossa vida, em nossa lembrança, como vemos no poema "Os nomes", de *Opus 10*:

Duas vezes se morre:
Primeiro na carne, depois no nome.
A carne desaparece, o nome persiste mas
Esvaziando-se de seu casto conteúdo
— Tantos gestos, palavras, silêncios —
Até que um dia sentimos,
Com uma pancada de espanto (ou de remorso?),
Que o nome querido já nos soa como os outros.

Os nomes se apartam da individualidade a que pertenciam, tornam-se nomes gerais, de significação corriqueira, sem ligação com este ou aquele determinado ser. Deixam, com o tempo, de corresponder a uma emoção:

Adelaide não foi para mim Adelaide somente,
Mas Cabeleira de Berenice, Inominata, Cassiopéia.
Adelaide hoje apenas substantivo próprio feminino.

E o poeta conclui:

Os epitáfios também se apagam, bem sei.
Mais lentamente, porém, do que as reminiscências
Na carne, menos inviolável do que a pedra dos túmulos.

É uma constatação sem amargura. Outro exemplo da morte suave é "O homem e a morte", de *Belo belo*. Trata-se de mais um dos poemas *desentranhados* — desta vez de "Um retrato da morte", de Fidelino de Figueiredo, como registra o poeta. À espera da figura terrível — "Esqueleto armado de foice" —, o homem, "hirto de pavor", vê entrar uma doce forma que não sabe se é de mulher ou anjo. E que é mesmo um anjo, o anjo da morte, porém da morte que o poeta pedira na oração a Nossa Senhora da Boa Morte e esperara em "Contrição". O poema se encerra com estes versos:

E o Anjo foi-se aproximando,
A fronte do homem tocou,
Com infinita doçura

As magras mãos lhe compôs.
Depois com o maior carinho
Os dois olhos lhe cerrou...
Era o carinho inefável
De quem ao peito o criou.
Era a doçura da amada
Que amara com mais amor.

É um encontro que se repete, entre o poeta e a morte, e cada vez mais ele a encara sem rejeição, sequer estranhamento. "Consoada", uma das composições mais célebres de Bandeira, revela bem este novo estado de espírito:

Quando a Indesejada das gentes chegar
(Não sei se dura ou caroável),
Talvez eu tenha medo.
Talvez sorria, ou diga:
— Alô, iniludível!
O meu dia foi bom, pode a noite descer.
(A noite com os seus sortilégios.)
Encontrará lavrado o campo, a casa limpa,
A mesa posta,
Com cada coisa em seu lugar.

Ele pode sentir medo, mas também receber a morte com um sorriso e uma alegre saudação. O que prevalece, ao fim, é como uma tranqüilidade de consciência pelo dever cumprido: o campo lavrado, a casa limpa, a mesa posta, cada coisa arrumada em seu devido lugar. Tudo capaz de gerar o sono dos justos. "O meu dia foi bom, pode a noite descer." Trata-se de um homem de vida vivida, e bem vivida, muito distante do rapaz destroçado pelo "mau destino".

Os poemas de *Preparação para a morte* complementam a nova atitude do poeta. O poema-título se fecha com este verso:

— Bendita a morte, que é o fim de todos os milagres.

Muito teve de mudar até o poeta chegar a bendizer a Dama Branca. O soneto "Vontade de morrer" é uma confissão; ou melhor, uma confidência: ele ainda tem em si o calor da vida, ainda é capaz de amar, porém

Sem ambições de amor ou de poder,
Nada peço nem quero e — entre nós — ando
Com uma grande vontade de morrer.

O que encontramos aqui é, apenas, cansaço. A vida foi cumprida, é natural que quisesse repousar. O que não queria na mocidade — e por isso tanto combatera, sobretudo com as armas da poesia. Em "Mal sem mudança" (*Estrela da tarde*) ele se refere àquela

...força antiga,
Quando eu sorria ao mal sem esperança
E mudava os soluços em cantiga!

Força de que não tem mais necessidade. Não há mais "soluços", o que vier será bem-vindo, o poeta viveu a vida em toda a sua plenitude. A morte não é mais algo terrificante, ao contrário: pode até ser amada. Em "Canção para a minha morte" está dito: o poeta quer amar a sua morte.

Quero te amar, ó morte,
— Minha morte, pesar
Que não te escolherei.

Mesmo não podendo escolhê-la, é a sua morte, e ele quer amá-la. Quer, com ela, partir

Sem maiores saudades
Desta madrasta vida
Que, todavia, amei.

Sem saudades, como naquele absoluto esquecimento de que o ouvimos falar noutros poemas. Condição que também está posta em "Programa para depois de minha morte":

> Esquecido para sempre de todas as delícias, dores, perplexidades
> Desta outra vida de aquém-túmulo.

A terceira natureza do poeta é, enfim, a plena maturidade — tanto diante da vida quanto da morte. Morte que, aliás, não veio como tanto se anunciara. Leiamos o depoimento do médico Aloysio de Paula:

> (...) Bandeira chegou aos 80 anos, já transformado em monumento nacional. Foi quando sua saúde começou a preocupar. Tentei preservar-lhe o máximo o aparelho respiratório. Nebulizações e antibióticos, taponagem e drenagem postural, mantinham-no limpo e protegido. Mas o aparelho digestivo fraquejava. Aos 82 anos, Clementino Fraga Filho, seu clínico dedicado, transfere-o para uma casa de saúde, onde o acompanhávamos solicitamente. Na manhã da sua morte, visitei-o. Nada fazia prever o desfecho temido. Gerson Pomp, o assistente designado para acompanhá-lo mais de perto, chegou algumas horas depois, quando surgiu, incontrolável, a hemorragia digestiva. Bandeira não teve a morte pulmonar esperada para os de sua geração. (...) foi o duodeno que se rompeu. Não mais a morte lírica dos tuberculosos, mas a morte banal de uma úlcera digestiva (*Homenagem...*, 86-88, p. 53).

Essa morte não terá sido, porém, banal, antilírica, como a considerou o médico — se levarmos em conta depoimento do poeta Thiago de Mello, que, visitando Manuel Bandeira pouco antes de sua morte, ouviu-o murmurar, em delírio, o nome de sua cidade natal.[123] Assim, nos momentos finais, ele sonhava com Recife — e certamente com o Recife da sua infância. O Recife que também se chamava Pasárgada, onde tudo era permitido: fazer ginástica, andar de bicicleta, montar em burro brabo, subir em pau-de-sebo, tomar banhos de mar.

---

[123] *Apud* Fonseca, Edson Nery da. *Alumbramentos e perplexidades — vivências bandeirianas*. São Paulo: Arx, 2002, p. 62 e 71.

O que significa que a passagem de Manuel Bandeira para a morte se deu liricamente, em pleno estado de poesia.

Ao perguntar ao Dr. Bodmer, médico-chefe do sanatório de Clavadel, em 1914, quantos anos ainda poderia viver, o poeta ouviu esta resposta: "O sr. tem lesões teoricamente incompatíveis com a vida: no entanto está sem bacilos, come bem, dorme bem, não apresenta, em suma, nenhum sintoma alarmante. Poderá viver cinco, dez, quinze anos... Quem poderá dizer?..." (*Poesia...*, p. 111). Quinze anos, talvez um pouco mais... O certo é que ninguém poderia imaginar, àquela altura, que Bandeira chegaria aos 82 anos. O jovem autor do soneto "A Antônio Nobre" escreveu, em 1916:

> Eu, não terei a Glória... nem fui bom.

Enganava-se: teve a Glória, sim. E também foi bom, como o atestam os depoimentos de seus contemporâneos. Em suma, seu legado é rico de lições intelectuais e de vida. Uma vida que viveu em suas formas mais nobres — e luminosos alumbramentos.

Conclusão

Como já foi dito na introdução a este trabalho, Manuel Bandeira não corresponde à imagem de fragilidade que dele — devido aos seus problemas de saúde — costumamos fazer. Se há uma coisa de que ele certamente não poderá ser jamais acusado, é esta: ter sido frágil. E aquela famosa humildade, que tanto poetizou e que foi proclamada por muitos que sobre ele escreveram, só funcionou mesmo como método de resistência ao pertinaz assédio da Dama Branca. Outros ignoraram — ou desafiaram — a tísica, e morreram em breve tempo. Bandeira, não: reconheceu-a, respeitou-a, enfrentou-a humildemente, tomando as providências necessárias, observando todas as limitações e prescrições, todos os recolhimentos, numa dedicação carinhosa aos cuidados de si mesmo — estratégia defensiva tão obstinada que acabou neutralizando a letalidade da doença.

Tirante esta humildade, que teve tão singular significação, Manuel Bandeira era um homem orgulhoso e consciente de seu orgulho de criador e de trabalhador intelectual. De vencedor. Certo que falou, em verso e em prosa, de desesperanças — mas nele a vitória acabava sempre pertencendo à esperança, à confiança na vida. Sou tentado a imaginá-lo murmurando, como uma prece, todas as noites, ao se recolher, os versos finais de "O martelo":

> Sei que amanhã quando acordar
> Ouvirei o martelo do ferreiro
> Bater corajoso o seu cântico de certezas.

Foram 82 anos de uma existência sempre agitada, intensa, participante. A mínima provocação o encontrava disposto às mais duras batalhas. Sem perder o bom humor (que vemos em poemas como "Os sapos", "Pensão familiar", "Teresa", "Irene no céu", "Namorados", "Balada das três mulheres do sabonete Araxá", entre outros),[124] enfrentou conservadores, parceiros de aventura literária, arrivistas modernosos. Parnasiano, simbolista (e parnaso-simbolista), autor de transição, modernista, moderno, poeta maior, articulista, crítico, ensaísta, polemista, teórico, gramático, lingüista, cronista, memorialista, correspondente, biógrafo (de Gonçalves Dias), historiador da literatura, antologista, professor... Em tudo ele deu o máximo de si, produzindo sempre obras do mais alto nível.

O que, então, concluir? O óbvio: que sem Manuel Bandeira a alma nacional seria muito mais pobre. Afinal, como se sabe, foi ele um dos responsáveis pela alma nova que o Brasil passou a possuir a partir dos primeiros anos do século XX. E a luta para tanto não foi nada fácil, como vimos ao longo destas páginas.

> Depois de muita pena e muita lida,
> De espantoso caçar de toda sorte,
> Venceu o monstro de desmedido porte
> — A ululante Quimera espavorida!

É a segunda estrofe do soneto "O lutador". Sim, Bandeira venceu a Quimera, mas não destruindo-a: venceu-a transformando-a numa presença admirável em sua vida. Venceu-a conquistando-a. E foi sempre ela — e não a tristeza do soneto "Renúncia" — sua "doce e constante companheira".

Até na morte o guerreiro faz jus ao seu nome. Os tercetos são como a descrição de uma luta:

---

[124]O bom humor do poeta — e sua capacidade de rir francamente — é destacado numa crônica de Rubem Braga: "... e me encontrei por acaso com Manuel Bandeira (...) e começamos a conversar não sei bem mais sobre o quê, parece que sobre uma certa mulher. E então, como eu dissesse uma bobagem qualquer, Bandeira riu, riu muito com todos os seus dentes de dentuço. As pessoas de hoje talvez não façam essa idéia de Manuel Bandeira como um homem freqüentemente jovial, que ria muito, e gostava de rir." In: *As boas coisas da vida*. 3. ed.. Rio de Janeiro: Record, 1989.

Quando morreu, línguas de sangue ardente,
Aleluias de fogo acometiam,
Tomavam todo o céu de lado a lado,

E longamente, indefinidamente,
Como um coro de ventos sacudiam
Seu grande coração transverberado!

Manuel Bandeira disse, em suas memórias, não saber quem era o personagem de "O lutador". Jesus Cristo não poderia ser. Talvez Beethoven, cuja biografia lera, comovido, na mocidade. Tenho para mim, porém, que era ele mesmo o espantoso herói. Naquele sono *post coitum* (como vimos relatar Drummond), o poeta sonhara com seu próprio espírito indomável. E foi por isso, por ser um lutador, que ele conseguiu transformar o "mau destino" em poesia — e a poesia em densa lição de vida. Lição que faz também nosso — de todos os que lêem Manuel Bandeira —

Seu grande coração transverberado!

Bibliografia Consultada

Obras de Manuel Bandeira

Andorinha, andorinha. Seleção e coordenação de textos de Carlos Drummond de Andrade. Rio de Janeiro: José Olympio, 1966, 385 p.

Antologia dos poetas brasileiros: fase parnasiana. Rio de Janeiro: Nova Fronteira, 1996, 315 p.

Cartas de Manuel Bandeira a Alphonsus de Guimaraens Filho. In: ANDRADE, Mário de; BANDEIRA, Manuel. *Itinerários.* São Paulo: Duas Cidades, 1974, 151 p.

Correspondência – Mário de Andrade & Manuel Bandeira. Organização, introdução e notas de Marcos Antonio de Moraes. (Col. Correspondência de Mário de Andrade 1.) São Paulo: Edusp/IEB, 2000, 735 p.

Correspondência de Cabral com Bandeira e Drummond. Organização, apresentação e notas de Flora Süssekind. Rio de Janeiro: Nova Fronteira/Casa de Rui Barbosa, 2001, 319 p.

Estrela da vida inteira (poesias reunidas). Rio de Janeiro: José Olympio, 5. ed., 1974, 385 p.

Poesia completa e prosa (em 1 volume). Rio de Janeiro: Nova Aguilar, 1996, 745 p.

Poesia e prosa, v. II. Rio de Janeiro: Aguilar, 1958, 1.525 p.

Seleta de prosa. Organização de Júlio Castañon Guimarães. Rio de Janeiro: Nova Fronteira, 2. imp., 1997, 592 p.

Obras sobre Manuel Bandeira

ANDRADE, Mário de. *A poesia em 1930.* In: *Aspectos da literatura brasileira*, p. 27-45. São Paulo: Martins, s.d., 262 p.

——. *Cartas a Manuel Bandeira.* Rio de Janeiro: Organização Simões, 1958, 353 p.

——. *Correspondência — Mário de Andrade & Manuel Bandeira.* Organização, introdução e notas de Marcos Antônio de Moraes. (Col. Correspondência de Mário de Andrade 1). São Paulo: Edusp/IBEB, 2000, 735 p.

——. "Parnasianismo". In: *O empalhador de passarinho*, p. 9-13. São Paulo: Martins, 3. ed., INL-MEC, 1972, 295 p.

ARRIGUCCI JR., Davi. *Humildade, paixão e morte – a poesia de Manuel Bandeira.* São Paulo: Companhia das Letras, 1990, 301 p.

——. *O cacto e as ruínas.* São Paulo: Duas Cidades/Ed. 34, 2000, 154 p.

BACIU, Stefan. *Manuel Bandeira de corpo inteiro.* (Col. Documentos Brasileiros.) Rio de Janeiro: José Olympio, 1966, 181 p.

BEZERRA, Elvia. *A trinca do Curvelo – Manuel Bandeira, Ribeiro Couto e Nise da Silveira.* Rio de Janeiro: Topbooks, 1995, 193 p.

BOSI, Alfredo. *História concisa da literatura brasileira.* 32. ed., São Paulo: Cultrix, 1994, 528 p.

BRAYNER, Sônia (Org.). *Manuel Bandeira.* (Col. Fortuna Crítica). Rio de Janeiro: Civilização Brasileira/INL-MEC, 1980, 345 p.

CARPEAUX, Otto Maria. "Notícia sobre Manuel Bandeira". In: BANDEIRA, Manuel. *Apresentação da poesia brasileira.* Rio de Janeiro: Ediouro, s./d., 360 p.

——. "Bandeira". In: *Ensaios reunidos* (1942-1978), v. I, p. 663-664. Rio de Janeiro: UniverCidade Editora/Topbooks, 1999, 928 p.

CARVALHO E SILVA, Maximiano de (Org.) *Homenagem a Manuel Bandeira.* Rio de Janeiro: UFF – Sociedade Sousa da Silveira/Monteiro Aranha/Presença, 1989, 593 p.

COELHO, Joaquim-Francisco. *Manuel Bandeira pré-modernista.* Rio de Janeiro: José Olympio/INL-MEC, 1982, 74 p.

COUTO, Ribeiro. *Dois retratos de Manuel Bandeira.* Rio de Janeiro: Livraria São José, 1960, 87 p.

ESPINHEIRA FILHO, Ruy. *Tumulto de Amor e Outros Tumultos – criação e Arte em Mário de Andrade.* Rio de Janeiro: Record, 2001, 316 p.

FONSECA, Edson Nery da. "Introdução". In: *Poemas de Manuel Bandeira com motivos religiosos.* Rio de Janeiro: Philobiblion, 1985, 114 p.

——. *Alumbramentos e perplexidades – vivências bandeirianas.* São Paulo: Arx, 2002, 175 p.

GARBUGLIO, José Carlos. *Roteiro de leitura: poesia de Manuel Bandeira.* São Paulo: Ática, 1998, 144 p.

Homenagem a Manuel Bandeira. Rio de Janeiro: Oficinas tipográficas do *Jornal do Comércio*, 1936, 238 p. Edição fac-similar: São Paulo: Metal Leve/Hamburg, 1986.

IVO, Lêdo. "Lembrança de Manuel Bandeira". In: *Teoria e celebração.* São Paulo: Duas Cidades, 1976, 147 p.

——. *O preto no branco.* Rio de Janeiro: Livraria São José, 1955, 94 p.

——. "A lira dos 80 anos". In: *Modernismo e modernidade*, p. 67-80. Rio de Janeiro: Livraria São José, 1972, 80 p.

JUNQUEIRA, Ivan. *Testamento de Pasárgada (Antologia e estudos críticos sobre a poesia de Manuel Bandeira).* Rio de Janeiro: Nova Fronteira, 1980, 288 p., segunda edição revista, 2003, 350 p.

——. "Manuel Bandeira". In: *O signo e a sibila.* Rio de Janeiro: Topbooks, p. 189-222, 1993, 441 p.

——. "Consciência poética". In: CARVALHO E SILVA, Maximiano de. *Homenagem a Manuel Bandeira,* cit., p. 297-203.

KOSHIYAMA, Jorge. "O lirismo em si mesmo: leitura de 'Poética' de Manuel Bandeira". In: BOSI, Alfredo (Org.). *Leitura de poesia.* São Paulo: Ática, 1996, 239 p.

MARTINS, Wilson. *O modernismo.* 4. ed., São Paulo: Cultrix, 1973, 313 p.

——. *História da inteligência brasileira.* São Paulo: Cultrix, 1979, v. VII, 697 p.

——. "Sobre Manuel Bandeira". Rio de Janeiro: *Jornal do Brasil,* 28/9 e 5/10 de 1986. In: *Homenagem a Manuel Bandeira,* cit.

MONTEIRO, Adolfo Casais. "Manuel Bandeira". In: MONTEIRO, Casais. *Figuras e problemas da literatura brasileira contemporânea,* p. 95-133. São Paulo, USP/IEB, 1972, 229 p.

——. *Bandeira e Drummond. Ob. cit,* p. 135-137.

MOURA, Murilo Marcondes de. *Manuel Bandeira.* São Paulo: Publifolha (Col. "Folha Explica"), 2001, 103 p.

OLIVEIRA, Franklin de. "Manuel Bandeira". In: *A dança das letras,* p. 87-117. Rio de Janeiro: Topbooks, 1991, 411 p.

PAES, José Paulo. "Bandeira tradutor ou o esquizofrênico incompleto". In: *Tradução: a ponte necessária.* São Paulo: Ática/Secretaria de Estado da Cultura, 1990, 127 p.

PEREIRA, Lúcia Miguel. "A simplicidade em Manuel Bandeira." In: *A leitora e seus personagens,* p. 140-144. Rio de Janeiro: Graphia, 1992, 340 p.

RIBEIRO, João. "A cinza das horas". Rio de Janeiro: *O Imparcial,* 23/07/1917. Transcrito como nota preliminar a *A cinza das horas.* In: BANDEIRA, Manuel. *Poesia completa e prosa,* p. 115-118.

ROSENBAUM, Yudith. *Manuel Bandeira: uma poesia da ausência.* Rio de Janeiro-São Paulo: Imago/Edusp, 1993, 207 p.

SARAIVA, Arnaldo. "Manuel Bandeira". In: *Conversas com escritores brasileiros.* Porto: Edição do Congresso Portugal-Brasil 2000, 76 p.

Seleta de prosa. Organização de Júlio Castañon Guimarães. Rio de Janeiro: Nova Fronteira, 1997, 592 p.

SOUZA, Gilda; MELLO, Antônio Cândido de. *Introdução.* In: BANDEIRA, Manuel. *Estrela da vida inteira,* Rio de Janeiro: José Olympio, 5. ed., 1974, 385 p.

Bibliografia Geral

ANDRADE, Carlos Drummond de. *Poesia completa e prosa*. Rio de Janeiro: Aguilar, 1973, 1.315 p.

——. *O observador no escritório*. Rio de Janeiro: Record, 1985, 199 p.

——. "Carlos Drummond de Andrade". Entrevista a Luiz Fernando Emediato. *O Estado de S. Paulo*, Caderno 2, p. 8-9, 18 de outubro de 1986.

ANDRADE, Mário de. "Mestres do passado". Artigos publicados no *Jornal do Comércio* (edição de São Paulo) entre 2 de agosto e 1 de setembro de 1921. In: BRITO, Mario da Silva. *História do modernismo brasileiro I — antecedentes da Semana de Arte Moderna*, p. 254-309. 4. ed., Rio de Janeiro: Civilização Brasileira, 1964, 322 p.

——. "Prefácio interessantíssimo". In: *Poesias completas*, p. 17-38. São Paulo: Círculo do Livro, s.d., 442 p.

——. "A escrava que não é Isaura". In: *Obra imatura*, p. 195-300. 2. ed., São Paulo/Brasília: Martins/INL, 1972, 300 p.

——. *Aspectos da literatura brasileira*. São Paulo: Martins, s.d., 262 p.

——. *O empalhador de passarinho*. São Paulo: Martins/INL, 1972.

—— *Vida literária*. São Paulo: Hucitec/Edusp, 1993, 271 p.

——. *Poesias completas*. São Paulo: Martins, 1955, 495 p.

——. *A lição do amigo — Cartas de Mário de Andrade a Carlos Drummond de Andrade*. Organização, apresentação e notas de Carlos Drummond de Andrade. Rio de Janeiro: José Olympio, 1982, 301 p.

——. *O turista aprendiz*. Estabelecimento de texto, introdução e notas de Telê Porto Ancona Lopez. São Paulo: Duas Cidades, Secretaria da Cultura, Ciência e Tecnologia, 1976, 381 p.

ANDRADE, Oswald de. *Os dentes do dragão*. Pesquisa, organização, introdução e notas de Maria Eugenia Boaventura. São Paulo: Globo/Secretaria do Estado da Cultura, 1990, 261 p.

ATHAYDE, Félix de. *Idéias fixas de João Cabral de Melo Neto*. Rio de Janeiro: Nova Fronteira, 1998, 151 p.

BILAC, Olavo. *Poesias*. Posfácio de R. Magalhães Júnior. Rio de Janeiro: Civilização Brasileira, 1977, 29 ed. (segunda com a ortografia atualizada), 380 p.

BLOOM, Harold. *Como e por que ler*. Rio de Janeiro: Objetiva, 2001, 275 p.

BORGES, Jorge Luis. *Obra poética – 1923/1977*. Buenos Aires/Madri: Alianza Tres-Emecé Editores, 1981, 559 p.

BOSI, Alfredo. *O pré-modernismo*. 3. ed., São Paulo: Cultrix, 1969, 158 p.

——. *História concisa da literatura brasileira*. 32. ed., São Paulo: Cultrix, 1994, 528 p.

BRAGA, Rubem. *As boas coisas da vida*. 3. ed., Rio de Janeiro: Record, 1989, 187 p.

BRASILEIRO, Antonio. *Da inutilidade da poesia*. Salvador: EDUFBA, 2002, 169 p.

BRITO, Mário da Silva. *História do modernismo brasileiro I — antecedentes da Semana de Arte Moderna*, cit.

Cadernos de literatura brasileira – João Cabral de Melo Neto. 2. reimpres., São Paulo: Instituto Moreira Salles, 1997, 131 p.

CANDIDO, Antonio. *Literatura e sociedade*. 3. ed. revista, São Paulo: Companhia Editora Nacional, 1973, 193 p.

Cartas. Mário de Andrade/Oneyda Alvarenga. São Paulo: Livraria Duas Cidades, 1983, 308 p.

Cartas do irmão maior – Mário de Andrade/João Etienne Filho. Belo Horizonte: Mazza Edições/ Belas Artes Liberdade Livraria, 1994, 114 p.

CASANOVA, Pascale. *A república mundial das letras*. Tradução de Marina Appenzeller. São Paulo: Estação Liberdade, 2002, 436 p.

CASTELLO, José. *O homem sem alma*. Rio de Janeiro: Rocco, 1996, 184 p.

CASTRO, Moacir Werneck de. *Mário de Andrade – exílio no Rio*. Rio de Janeiro: Rocco, 1989, 237 p.

CORREIA, Raimundo. *Poesia completa e prosa*. Rio de Janeiro: Aguilar, 1961, 694 p.

ELIOT, T.S. "Shakespeare e o estoicismo de Sêneca." In: *Ensaios escolhidos*, p. 33-44. Seleção, tradução e notas de Maria Adelaide Ramos. Lisboa: Cotovia, 1992, 288 p.

——. "As fronteiras da crítica". In: *De poesia e poetas*, p. 140-160. Tradução e prólogo de Ivan Junqueira. São Paulo: Brasiliense, 1991, 357 p.

——. "Reflexões sobre o verso livre". In: *Ensaios escolhidos*, p. 9-15. Lisboa: Cotovia, 1992, 288 p.

ESPINHEIRA FILHO, Ruy. *Tumulto de amor e outros tumultos – criação e arte em Mário de Andrade*. Rio de Janeiro: Record, 2001, 316 p.

EVERDELL, William R. *Os primeiros modernos – as origens do pensamento do século XX*. Rio de Janeiro: Record, 2000, 571 p.

Grandes poetas românticos do Brasil. Prefácio e notas biográficas de Antonio Soares Amora; introdução de Frederico José da Silva Ramos; estudo sobre a vida e obra de cada poeta por Domingos Carvalho da Silva, José Paulo Paes, Mário da Silva Brito, Lygia Fagundes Telles, Cassiano Nunes, Fernando Góes, Edgard Cavalheiro e Jamil Almansur Haddad. São Paulo: LEP, 2 v., 1959, 808 p.

GULLAR, Ferreira. *Indagações de hoje.* Rio de Janeiro: José Olympio, 1989, 187 p.

LIMA, Jorge de. *Poesias completas.* Rio de Janeiro: Aguilar/MEC/INL, 1974, 4 v., 883 p.

LINS, Álvaro. *Os mortos de sobrecasaca.* Rio de Janeiro: Civilização Brasileira, 1963, 460 p.

MAIAKOVSKY, Vladimir. *Poética – como fazer versos.* Tradução de Antonio Landeira e Maria Manuela Ferreira. São Paulo: Global, 1977, 95 p.

MARQUES, Oswaldino. *Videntes e sonâmbulos.* Rio de Janeiro: Departamento de Imprensa Nacional, 1955, 300 p.

MARTINS, Wilson. *O modernismo.* 4. ed., São Paulo: Cultrix, 1973, 313 p.

——. *História da inteligência brasileira.* São Paulo: Cultrix, 1979, v. VII, 697 p.

——. "Sobre Manuel Bandeira". Rio de Janeiro: *Jornal de Brasil*, 28/9 e 5/10 de 1986. In: *Homeangem a Manuel Bandeira*, cit.

MERQUIOR, José Guilherme. *Razão do poema.* Rio de Janeiro: Civilização Brasileira, 1965, 247 p.

Modernismo — guia geral (1890-1930). Organização de Malcolm Bradbury e James McFarlane; tradução de Denise Bottman. São Paulo: Companhia das Letras, 1989, 556 p.

NOSTRAND, Albert D. Van. *Antologia de crítica literária.* Rio de Janeiro: Lidador, 1968, 254 p.

PESSOA, Fernando. *Obra poética.* Organização, introdução e notas de Maria Aliete Galhoz. Rio de Janeiro: Aguilar, 1969, 784 p.

——. *Obras em prosa.* Organização, introdução e notas de Cleonice Berardinelli. Rio de Janeiro: Aguilar, 1974, 729 p.

Poemas de Cláudio Manuel da Costa. Organização, seleção e notas de Péricles Eugênio da Silva Ramos. São Paulo: Cultrix, 1976, 148 p.

Poesia como criação. Coordenação de Howard Nemerov; tradução de Marcos Santarrita. Rio de Janeiro: GRD, 1968, 306 p.

POUND, Ezra. *ABC da literatura.* Organização e apresentação de Augusto de Campos. Tradução de Augusto de Campos e José Paulo Paes. São Paulo: Cultrix, 1970, 218 p.

——. *A arte da poesia — ensaios escolhidos.* Tradução de Heloysa de Lima Dantas e José Paulo Paes. São Paulo: Cultrix/Universidade de São Paulo, 1976, 164 p.

SECCHIN, Antonio Carlos. *João Cabral: a poesia do menos – e outros ensaios cabralinos.* Rio de Janeiro: Topbooks. 2. ed. rev. e ampl., 1999, 333 p.

WILSON, Edmund. *Raízes da criação literária.* Tradução de Edilson Alkmin Cunha. Rio de Janeiro: Lidador, 1965, 232 p.

——. *O castelo de Axel.* Tradução de José Paulo Paes. São Paulo: Cultrix, 1967, 220 p.

Índice Onomástico

Do Autor

POESIA

Heléboro. Feira de Santana: Edições Cordel, 1974.
Julgado do vento. Rio de Janeiro: Civilização Brasileira, 1979.
As sombras luminosas. Florianópolis: FCC Edições, 1981. (Prêmio Nacional de Poesia Cruz e Sousa)
Morte secreta e poesia anterior. Rio de Janeiro: Philobiblion/INL, 1984.
A guerra do gato (infantil). Salvador: Jornal da Bahia, 1987. 2. ed., Jaboatão dos Guararapes: Guararapes-EGM, 2002.
A canção de Beatriz e outros poemas. São Paulo: Brasiliense/ Jornal da Bahia, 1990.
Antologia breve. Rio de Janeiro: Eduerj (Col. *Poesia na UERJ*), 1995.
Antologia poética. Salvador: Copene/Fundação Casa de Jorge Amado, 1996.
Memória da chuva. Rio de Janeiro: Nova Fronteira, 1996; 3. impres. 1999. (Finalista do Prêmio Nestlé de Literatura Brasileira e do Prêmio Jabuti, ambos em 1997; Prêmio Ribeiro Couto – União Brasileira de Escritores —, 1998.)
Livro de sonetos. Feira de Santana: Edições Cordel, Coleção Poiuy, 1998. 2. ed. rev. ampl. e il., Salvador: Edições Cidade da Bahia/Capitania dos Peixes, 2000.
Poesia reunida e inéditos. 2. ed., Rio de Janeiro: Record, 1998.
A cidade e os sonhos/Livro de sonetos. Salvador: Edições Cidade da Bahia/Fundação Gregório de Matos, 2003.

FICÇÃO

Sob o último sol de fevereiro (crônicas). Rio de Janeiro: Civilização Brasileira, 1975.
O vento no tamarindeiro (contos). Rio de Janeiro: Codecri, 1981.
Ângelo Sobral desce aos infernos (romance). Rio de Janeiro: Philobiblion/Fundação Rio, 1986 (2º lugar no Prêmio Rio de Literatura, 1985).

O rei Artur vai à guerra (novela). São Paulo: Contexto, 1987. (Finalista do Prêmio Bienal Nestlé, 1986)
O fantasma da delegacia (novela). São Paulo: Contexto, 1988; 2ª ed., 1989.
Os quatro mosqueteiros eram três (novela). São Paulo: Contexto, 1989.
Últimos tempos heróicos em Manacá da Serra (romance). Belo Horizonte Oficina de Livros, 1991.

ENSAIO

O Nordeste e o negro na poesia de Jorge de Lima. Salvador: Fundação das Artes/Empresa Gráfica da Bahia, 1990.
Tumulto de amor e outros tumultos – criação e arte em Mário de Andrade. Rio de Janeiro: Record, 2001 (Finalista do Prêmio Jabuti 2002).

PARTICIPAÇÃO EM ANTOLOGIAS

Contos jovens (nº 4). São Paulo: Brasiliense, 1974.
Carne viva – 1ª antologia brasileira de poemas eróticos. Org. de Olga Savary. Rio de Janeiro: Anima, 1984.
Artes e ofícios da poesia. Org. de Augusto Massi. São Paulo/Porto Alegre: Secretaria Municipal de Cultura do Município de São Paulo/Artes e Ofícios, 1991.
Sincretismo – a poesia da geração 60, introdução e antologia. Org. e introd. de Pedro Lyra. Rio de Janeiro: Topbooks, 1995.
O conto baiano contemporâneo. Org. de Valdomiro Santana. Salvador: EGBA/Secretaria da Cultura e Turismo, 1995.
A poesia baiana no século XX (antologia). Org., introd. e notas de Assis Brasil. Salvador/Rio de Janeiro: Fundação Cultural do Estado da Bahia/Imago, 1999.
Vozes poéticas da lusofonia. Seleção de textos de Luís Carlos Patraquim. Sintra: Câmara Municipal de Sintra/Instituto Camões, 1999.
18+1 poètes contemporains de langue portugaise (édition bilingue). Seleção de Nuno Júdice, Jorge Maximino e Pierre Rivas; traduções de Isabel Meyrelles, Annick Moreau e Michel Riaudel. Paris: Instituto Camões/Chandeigne, 2000.
Antologia de poetas brasileiros. Sel. e coord. de Mariazinha Congílio. Lisboa: Universitária Editora, 2000.
A paixão premeditada – poesia da geração 60 na Bahia. Sel., org., introd. e notas de Simone Lopes Pontes Tavares. Salvador: Fundação Cultural do estado da Bahia/Imago, 2000.
Antologia de poesia contemporânea brasileira. Org. de Álvaro Alves de Faria. Coimbra: Alma Azul/ Ministério da Cultura/Instituto Português do Livro e das Bibliotecas, 2000.
O conto em vinte e cinco baianos. Org., prefácio e notas de Cyro de Mattos. Itabuna: Editus (Col. Nordestina), 2000.
Os cem melhores poetas do século. Sel. de José Nêumanne Pinto. São Paulo: Geração Editorial, 2001.

Os cem melhores poemas do século. Org., introd. e ref. bibl. de Italo Moriconi. Rio de Janeiro: Objetiva, 2001.
Poetas da Bahia – século XVII ao século XX. Org. de Ildásio Tavares, notas biobibl. de Simone Lopes Pontes Tavares. Rio de Janeiro: Imago/FBN, 2001.
100 anos de poesia – um panorama da poesia brasileira no século XX. 2 v. Org. de Claufe Rodrigues e Alexandra Maia. Rio de Janeiro: O Verso Edições, 2001.
Antologia da poesia brasileira/Antología de la poesia brasileña. Org. e introd. de José Lois García. Santiago de Compostela: Ediciónes Laiovento, 2001.
Poesia brasileira do século XX – dos modernistas à actualidade. Sel., introd. e notas de Jorge Henrique Bastos. Lisboa: Antígona, 2002.
O clarim e a oração – cem anos de Os sertões. Org. de Rinaldo de Fernandes. São Paulo: Geração Editorial, 2002.
Com a palavra o escritor (livro e CD-Rom). Org. de Carlos Ribeiro. Salvador: Casa de Palavras, 2002.
Fauna e flora nos trópicos – seleta de poemas. Org. de Beatriz Alcântara e Lourdes Sarmento. Fortaleza: Secult, 2002.

EM CD

"História". Leitura de Maria Barroso. *Vozes poéticas da lusofonia.* Sintra: Gravisom, 1999.
Poemas. Leitura do autor. Salvador: Grandes Autores/Capitania dos Peixes, 2001.

Este livro foi impresso nas oficinas da
DISTRIBUIDORA RECORD DE SERVIÇOS DE IMPRENSA S.A.
Rua Argentina, 171 – Rio de Janeiro, RJ
para a
EDITORA JOSÉ OLYMPIO LTDA.
em maio de 2004

*

72º aniversário desta Casa de livros, fundada em 29.11.1931